cahiers libres

DU MÊME AUTEUR

Politique économique et planification au Liban, 1954-1964, Imprimerie universelle, Beyrouth, 1964, 210 p.

Contribution à l'étude des sociétés multiconfessionnelles. Effets socio-juridiques et politiques du pluralisme religieux, Librairie générale de droit et de jurisprudence, Paris, 1971, 320 p. (publié également en arabe et en serbo-croate) ; nouvelle édition sous le titre *Histoire du pluralisme religieux dans le Bassin méditerranéen*, Geuthner, Paris, 1998.

L'Économie arabe au défi (en arabe), Dar al Talia't, Beyrouth, 1981, 250 p.

La Dépendance économique. L'endettement des pays en voie de développement dans une perspective historique (en arabe), Dar al Talia't, Beyrouth, 1980, 173 p. (de larges extraits de cet ouvrage ont été publiés en français dans *Dette et Développement*, Publisud, Paris, 1981, et en anglais dans *Debt and Development*, Praeger, New York, 1982).

Le Développement introuvable (en arabe), Dar al Talia't, Beyrouth, 1981, 303 p.

Le Proche-Orient éclaté, 1956-1991, Gallimard, coll. « Folio/Histoire », Paris, 1991, 560 p. (nouvelle édition revue et augmentée d'un précédent ouvrage publié aux Éditions La Découverte, Paris, 1983) ; également publié en anglais sous le titre *Fragmentation of the Middle-East. The Last Thirty Years*, Unwin Hyman-Hutchinson, Londres, 1988, ainsi qu'en arabe.

Liban : les guerres de l'Europe et de l'Orient, 1840-1992, Gallimard, coll. « Folio/Actuel », Paris, 1992, 350 p. (nouvelle édition revue et augmentée d'un précédent ouvrage publié aux Éditions La Découverte, sous le titre *Géopolitique du conflit libanais*, Paris, 1986).

L'Europe et l'Orient. De la balkanisation à la libanisation, histoire d'une modernité inaccomplie, La Découverte, Paris, 1989, 380 p. (édition de poche augmentée : La Découverte/Poches, 2002) ; également publié en arabe, roumain et allemand.

L'Avenir du Liban dans le contexte régional et international, sous la direction de Paul Balta et Georges Corm, Les Éditions ouvrières/EDI, Paris, 1990, 310 p.

Identités et conflits au Moyen-Orient, 1919-1991, Arcantère, Paris, 1992, 203 p. (ouvrage regroupant une série d'articles et d'études sur le Moyen-Orient publiés entre 1985 et 1992).

La Mue (récit fantastique), Noël Blandin, Paris, FMA, Beyrouth, 1992, 187 p.

Le Nouveau Désordre économique mondial, La Découverte, Paris, 1993, 180 p. (publié également en arabe, italien, roumain, hongrois et portugais).

Le Moyen-Orient, Flammarion, coll. « Dominos », Paris, 1993, 125 p.

Introduction au Liban et aux Libanais (en arabe), Dar el Jadid, Beyrouth, 1996, 219 p.

La Reconstruction et l'intérêt collectif. De la politique économique d'après-guerre (en arabe), Dar el Jadid, Beyrouth, 1996, 244 p.

Le Proche-Orient éclaté II, 1990-1996. Mirages de paix et blocages identitaires, La Découverte, Paris, 1997. Ce volume a été regroupé avec le premier volume portant sur la période de 1956 à 1990 en une seule édition de poche revue et augmentée, sous le titre *Le Proche-Orient éclaté, 1956-2000*, Gallimard, coll. « Folio/Histoire », Paris, 1999, 1068 p.

L'Opportunité perdue de la réforme financière au Liban (en arabe), Shirkat al matbou'at lill tawzi wal nashr, Beyrouth, 2001, 430 p.

La Méditerranée, espace de conflit, espace de rêve, L'Harmattan, Paris, 2001, 374 p.

Georges Corm

Orient-Occident,
la fracture imaginaire

ÉDITIONS LA DÉCOUVERTE
9 *bis*, rue Abel-Hovelacque
PARIS XIIIe
2002

Catalogage Électre-Bibliographie
CORM Georges.
Orient-Occident, la fracture imaginaire. – Paris : La Découverte, 2002. – (Cahiers libres)
ISBN 2-7071-3838-X

Rameau :	Orient et Occident
	histoire des mentalités
	relations internationales
Dewey :	371.1 : Relations internationales. Politique étrangère. Politique internationale. Généralités
Public concerné :	Tout public

En application des articles L. 122-10 à L. 122-12 du Code de la propriété intellectuelle, toute reproduction à usage collectif par photocopie, intégralement ou partiellement, du présent ouvrage est interdite sans autorisation du Centre français d'exploitation du droit de copie (CFC, 20, rue des Grands-Augustins, 75006 Paris). Toute autre forme de reproduction, intégrale ou partielle, est également interdite sans autorisation de l'éditeur.

Si vous désirez être tenu régulièrement informé de nos parutions, il vous suffit d'envoyer vos nom et adresse aux Éditions La Découverte, 9 *bis*, rue Abel-Hovelacque, 75013 Paris. Vous recevrez gratuitement notre bulletin trimestriel *À La Découverte*. Vous pouvez également nous contacter sur notre site **www.editionsladecouverte.fr**.

© Éditions La Découverte & Syros, Paris, 2002.

« Ne croyez pas que l'homme ne soit emporté que par l'intempérance des sens : l'intempérance de l'esprit n'est pas moins flatteuse ; comme l'autre, elle se fait des plaisirs cachés, et s'irrite par la défense. Ce superbe croit s'élever au-dessus de tout et au-dessus de lui-même, quand il s'élève, ce lui semble, au-dessus de la religion qu'il a si longtemps révérée ; il se met au rang des gens désabusés ; il insulte en son cœur aux faibles esprits qui ne font que suivre les autres sans rien trouver par eux-mêmes ; et, devenu le seul objet de ses complaisances, il se fait lui-même son dieu. »

BOSSUET, Oraison funèbre d'Anne de Gonzague.

« Les domaines que le savant se propose d'explorer ne sont jamais, dans les sciences humaines, des terres vierges, mais des continents dont la carte est déjà dressée par la tradition et que la pensée religieuse a depuis longtemps parcourus en en fixant les voies d'accès et les itinéraires. »

Jean-Pierre VERNANT,
préface au livre de Maurice OLENDER,
*Les Langues du Paradis. Aryens et Sémites :
un couple providentiel*, Seuil, Paris, 1989.

« L'Esprit de la Terre, tandis qu'il tisse et dispose ses fils sur la chaîne du Temps, compose l'histoire de l'homme telle qu'elle se manifeste dans la genèse, la croissance, le déclin et la désagrégation des sociétés humaines. Dans toute cette confusion de vie et tourmente d'actions, nous pouvons entendre le battement d'un rythme élémentaire dont nous avons appris à connaître les variations — défi-riposte, retraite-retour, déroute-ralliement, ascendance-descendance, schisme-palingénésie. »

Arnold TOYNBEE,
L'Histoire. Un essai d'interprétation,
Gallimard, Paris, 1951.

« Le présent est une époque civilisée, non une époque cultivée. »

Oswald SPENGLER, *Le Déclin de l'Occident*,
Gallimard, Paris, 1948.

Introduction

La symbolique des images du 11 septembre

Les événements du 11 septembre 2001 ont déclenché une avalanche de paroles, de discours, d'images qui ont étourdi le monde. Ils ont cristallisé dans les psychologies collectives des peurs et des haines qui traversent notre monde depuis plusieurs siècles. Terrorisme et terreur sont sûrement depuis le 11 septembre les mots les plus intensément employés sur la place publique comme dans les conversations de salon, même si ces mots n'ont pas partout le même sens.

Incontestablement, la symbolique des images a été la plus étonnante : les tours jumelles du World Trade Center qui semblent se suicider, annonçant la fin d'un empire tombant aux mains des barbares ; et, en Afghanistan, les avions les plus sophistiqués qui traquent au laser les guerriers les plus archaïques de l'humanité dans un décor digne de l'âge de pierre. L'empire dans le ciel, les barbares dans des cavernes. L'empire incarné par des militaires élégants et des civils en complet et cravate ; les barbares pieds nus ou en sandales, la tête enturbannée et aux barbes abondantes, sortant en droite ligne des images patriarcales des empires antiques ou bibliques que l'on croyait à jamais disparus.

Un nouveau « western » biblique

On pourrait multiplier à loisir la symbolique des images que les événements ont produites depuis le 11 septembre ; elles font se joindre les images de jeux vidéos ou de films de science-fiction avec les images d'un western biblique qui aurait pour nom : *Taliban ou la passion de la terreur sainte*. Notre propos ici ne sera pas de disserter ou d'analyser avec élégance des événements qui risquent de rester longtemps mystérieux. Mais plutôt de tenter de calmer les fièvres et les peurs cachées au fond de nous-mêmes et qui sont alimentées depuis longtemps par des littératures diverses savantes ou frivoles. De l'œuvre académique et respectée sur l'islam ou les Arabes au roman policier ou d'espionnage à fort relent raciste, en passant par l'enquête minutieuse de terrain sur les réseaux de la terreur et leurs idéologies, et à toutes les couvertures spectaculaires de grands hebdomadaires francophones ou anglophones sur la terreur et l'islam, nous nous sommes créé un abondant matériel pour alimenter nos peurs et nos phobies.

Nous et les autres ; la « barbarie » qui menace la « civilisation » ; les « fous de Dieu », les martyrs assassins de civils innocents... Quels que soient les efforts des hommes de bonne volonté pour garder la tête froide, résister à la tentation du racisme et du préjugé, le 11 septembre est une date historique, un repère singulier dans une fracture de tous les temps et de tous les lieux, celle entre nous les « civilisés » et eux les « barbares ». Nous la traînons depuis les Grecs sous sa forme laïque et depuis la Bible sous sa forme sacrée, celle du peuple de Dieu en lutte contre les peuples qui s'obstinent à rester dans les ténèbres.

Nous avions cru apprivoiser cette fracture au cours du siècle passé en parlant du monde développé et du monde sous-développé. Le monde sous-développé aujourd'hui se résume hélas bien dans l'aventure des Talibans, étudiants en religion comme on le sait maintenant. Oussama Ben Laden, leur grand inspirateur, crache un feu religieux d'une virulence qui laisse pantois même les plus avertis des spécialistes. C'est pourtant un membre de l'une des familles les plus prospères du royaume d'Arabie saoudite, le pays chéri de l'Occident et le plus important producteur de pétrole du monde. Aujourd'hui, les illusions sont donc ébranlées et les braves gens sommés de prendre parti. Il n'y a plus de monde communiste. Il y a le terrorisme, la terreur brutale et aveugle qui s'en est prise aux symboles de la prospérité de l'empire occidental, les deux tours du World Trade Center.

Je ne discuterai pas ici de comment cet événement a pu se produire, ni de ce qui peut conduire de façon légitime à interroger des négligences difficilement explicables [1]. En effet, la symbolique du 11 septembre s'est imposée partout comme celle du déclenchement de la guerre entre civilisation et barbarie, démocratie et terrorisme, Islam et Occident judéo-chrétien. Ben Laden, d'abord silencieux, a fini par jouer parfaitement la partition de la guerre totale entre deux mondes irréconciliables, justifiant ainsi toutes les mesures internes et internationales prises par les États-Unis pour affronter ce « danger global ». Ces mesures ont fait sursauter plus d'un démocrate, attaché aux normes de l'État de droit et du droit international ; mais, en temps de péril extrême, comment refuser les moyens de se défendre contre un ennemi implacable ?

---

1. On peut aussi se demander pourquoi les États-Unis, qui avaient déjà accusé Ben Laden des attentats contre les ambassades américaines en Afrique en 1998, n'ont pas pris plus tôt toutes les mesures antiterroristes adoptées après les attentats du 11 septembre.

Les pages qui vont suivre ont pour but, plus simplement, d'aider à lutter contre une symbolique trop facile qui peut effectivement mettre en péril ce qui reste d'esprit critique, d'indépendance dans notre façon de voir et de saisir le monde. Non point qu'il ne faille pas se défendre contre la subversion et la violence subversive, mais parce qu'une défense efficace suppose que nous connaissions bien la nature de la bataille qui est à mener et le terrain sur lequel elle se déroule.

Déclin ou fabrication du monde par l'Occident

Depuis l'imprimerie, la conquête des Amériques, l'invention de la machine à vapeur et de l'électricité, ce que l'on appelle Occident dessine et fabrique le monde. Pour le meilleur comme pour le pire. Depuis le fameux *Déclin de l'Occident* d'Oswald Spengler, écrit il y a soixante-dix ans, il est souvent de bon ton en Occident d'annoncer la fin de l'hégémonie civilisatrice, le risque pour la citadelle « Occident » de tomber aux mains des « barbares »[2]. On rappellera aussi l'influence profonde exercée par le grand historien anglais Arnold Toynbee, qui, dans une œuvre immense et contemporaine de celle de Spengler, a tenté de systématiser les facteurs de puissance et de décadence des grandes civilisations[3].

La décadence est une question qui hante plus que jamais l'Occident : sa propre puissance l'effraye, puisqu'elle ne pourrait qu'annoncer un déclin futur. La réflexion de Toynbee sur la décadence des civilisations anciennes ne peut

---

2. Le travail considérable de SPENGLER (*Le Déclin de l'Occident. Esquisse d'une mythologie de l'histoire universelle* ; tome 1, *Forme et Réalité*, tome 2, *Perspective de l'histoire universelle*), qui a profondément marqué les esprits, a été publié en 1932 en Allemagne (traduction française : Gallimard, Paris, 1948). Beaucoup plus récemment, un universitaire américain, Paul KENNEDY, a publié *The Rise and Fall of the Great Powers. Economic Change and Military Conflict from 1500 to 2000*, Fontana Press, Glasgow, 2000.

3. Voir Arnold TOYNBEE, *L'Histoire. Un essai d'interprétation*, Gallimard, Paris, 1951.

manquer d'inquiéter tout esprit occidental, car elle est axée sur la description d'un effet corrosif des « prolétariats intérieurs » et « extérieurs », ainsi que des « minorités agissantes », sur les grandes civilisations d'empire[4]. Raymond Aron, lors d'un colloque tenu sur l'œuvre de Toynbee, au cours d'une séance consacrée à la discussion de sa vision des différentes civilisations et des cycles dans l'histoire, déclarait : « Ce qui a heurté chez lui, c'est d'abord le fait que, comme Spengler, en prenant cependant quelques précautions supplémentaires, M. Toynbee a annoncé la mort de la civilisation occidentale, ou du moins il a émis sur l'avenir de cette civilisation un pronostic assez sombre[5]. » Plus que jamais, aujourd'hui, le chaos que représente le monde, et que le 11 septembre illustre si bien, donne une actualité surprenante aux thèses de Spengler et Toynbee.

Nous ne ferons pas ici une description de cette hégémonie, qui rebondit toujours plus dynamique, même lorsqu'elle se perçoit en plein déclin, affadie, affaiblie par ses propres succès matériels ou philosophiques[6]. Nous tenterons plutôt d'analyser les interrogations inquiètes, de décoder les images faciles et les clichés meurtriers qui, des deux côtés de la prétendue fracture entre civilisation et barbarie, organisent la puissance des uns et la faiblesse des autres.

Ce qui nous paraît le plus frappant, sous cet angle, c'est le regain des clichés religieux, des schémas bibliques, des guerres saintes et des « revanches de Dieu » qui ont envahi

---

4. On n'oubliera pas non plus que les œuvres de réflexion sur l'histoire universelle sont héritées de Bossuet et de la philosophie des Lumières qui « laïcise », avec Voltaire et Montesquieu, les traditions d'écriture de l'histoire sainte, l'histoire à finalité supérieure. On signalera aussi le travail de Jacques PIRENNE, *Les Grands Courants de l'histoire universelle* (12 volumes, Éditions de la Baconnière, Neuchâtel, Suisse, 1959), qui systématise l'idée que les empires continentaux sont par essence autoritaires, et les empires maritimes libéraux.
5. Raymond ARON (dir.), *L'Histoire et ses interprétations*, entretiens autour d'Arnold Toynbee, Mouton & Cie, La Haye, 1971, p. 19.
6. Voir à ce propos : Sophie BESSIS, *L'Occident et les autres. Histoire d'une suprématie*, La Découverte, Paris, 2001.

depuis plusieurs décennies les prismes d'analyse et la conduite des politiques internationales [7]. Où sont donc passés la philosophie des Lumières, le voltairianisme, la sécularisation de la pensée qui semblaient si bien triompher à l'échelle du globe après la Seconde Guerre mondiale ? La philosophie des Lumières avait posé quelques principes de vie et d'action, nous avait libérés des métaphysiques et dogmes religieux, en particulier l'optimisme sur notre capacité à construire un monde meilleur, à parfaire notre connaissance profane du monde et des ressorts de ses civilisations et des progrès de l'esprit humain. Celle-ci a-t-elle sombré corps et âme avec la fin du communisme et l'achèvement de la décolonisation [8] ? N'y a-t-il plus de langage de fraternité universelle qui permette de se sentir en sécurité, de n'avoir pas peur de son voisin proche ou lointain ? Sommes-nous condamnés à accepter passivement la revanche de Dieu, le Dieu punisseur et vengeur de la Bible, celui qui guide certains peuples et les sauve et qui en extermine d'autres ? Faut-il continuer de vivre avec cette fracture insupportable que le 11 septembre semble confirmer ? Quelles sont les frontières et les ressorts de cette fracture ?

Cet essai tente d'apporter des éléments de réflexion, en dénonçant les clichés faciles, les demi-vérités, les langages métaphysiques et violents dont sont remplis les médias et les œuvres académiques, littéraires ou de divertissement. S'il faut évidemment lutter contre la subversion, en aucun cas on ne peut accepter l'avilissement de notre esprit par la chute dans l'irrationnel, la métaphysique à bon marché, l'anthropologie de café qui fabrique les clichés et stéréotypes, aussi faciles que trompeurs, sur l'essence supposée immuable des peuples, les religions, les civilisations. Il faut renverser la

---

7. Nous reprenons ici le titre de l'ouvrage de Gilles KEPEL, *La Revanche de Dieu. Chrétiens, juifs et musulmans à la reconquête du monde*, Points/Seuil, Paris, 1992.
8. On pourra se reporter à l'essai stimulant de Jean M. GOULEMOT, *Adieu les philosophes. Que reste-t-il des Lumières ?*, Seuil, Paris, 2001.

symbolique négative du 11 septembre qui domine jusqu'ici, pour que cet événement spectaculaire et sanglant close une époque et en ouvre une meilleure, au lieu qu'il nous enfonce toujours plus dans les langues de bois, l'irrationalité et l'assaut contre les libertés et les progrès de notre autonomie d'êtres humains.

Il faut donc se battre pour le maintien de l'esprit critique, l'ironie voltairienne, l'idéalisme de Rousseau, de Locke ou de Kant. Il faut séparer les tâches de police consacrées à la lutte contre la subversion, de celles de la réflexion en vue d'un monde meilleur. Lier les deux, c'est réaliser les craintes exprimées par George Orwell dans son célèbre roman *1984*, où la peur qui s'installe en chacun rend impossible de tenter de changer le monde et l'ordre d'acier qui lui est imposé. Il faut donc refuser de se laisser terroriser par les terroristes, mais aussi par ceux qui les pourchassent en prétendant faire la police des corps et des esprits.

Pour cela, il faut s'attaquer aux origines de nos inquiétudes et de nos peurs, solidifiées dans un filet dense de clichés et de préjugés qui nous enserre de partout, en Orient comme en Occident. C'est à cette tâche que s'attaque cet essai en tentant de démystifier certains des comportements ou des postures intellectuelles que les événements du 11 septembre ont cristallisés dans les psychologies collectives. La ruée à laquelle on a assisté en Occident pour lire le Coran ou des ouvrages sur l'islam pour comprendre le 11 septembre en dit long sur le degré de naïveté ou d'étroitesse d'esprit auquel nous sommes arrivés, comme si la richesse de nos informations et de nos savoirs profanes ne nous était plus d'aucune utilité. En Orient, les sentiments divers et mitigés de satisfaction devant la « claque » reçue par la plus grande puissance de l'histoire, les affirmations sur le « pacifisme » de la religion islamique ne sont guère plus pertinents. La psychologie de vaincus et d'opprimés que la décolonisation n'a pas fait reculer reste un terreau fertile pour toutes sortes de névroses collectives et millénarismes. Le débat sur la globalisation

13

économique, ses mérites et ses tares, vient densifier encore plus la mélasse intellectuelle dans laquelle nous nous trouvons.

Avons-nous perdu tout repère, tout langage raisonnable qui permettent la communication entre les hommes, les pays, les États, les sociétés ? La philosophie des Lumières est-elle bonne à jeter aux orties et n'avons-nous plus pour nous guider que la Bible avec ses schémas forts d'élection et de salut pour les uns, d'enfer et de barbarie pour les autres ? C'est à cette interrogation que s'efforcent de répondre les pages qui suivent et qui nous promèneront dans les discours et les images que l'Occident produit sur lui-même et sur le monde avec une fécondité parfois inquiétante depuis ce que l'on nomme la Renaissance de l'Europe et la Révolution industrielle. Nous tenterons de choisir les images les plus fortes, de faire la synthèse des discours ou des idées fortes dont l'Occident se dit porteur et dans lesquels, presque malgré lui, il enferme un monde qu'il domine.

On pourra souvent contester telle ou telle simplification, les raccourcis ou évocations sommaires de philosophies anthropologiques, invoquer tel ou tel ouvrage qui ne s'inscrit pas dans le courant d'idées soumises ici à la critique. En réalité, cet essai ne se veut pas un ouvrage d'érudition visant à une somme critique de la pensée occidentale, pensée qui ne se laisse d'ailleurs pas saisir facilement. Il tente plus modestement de montrer que la rationalité individualiste dont se prévaut l'Occident n'est pas aussi évidente que veulent le faire croire une série d'images fortes et un type de discours que j'appellerai narcissique, et qui relèvent de la cristallisation d'un langage mythique produit par la modernité culturelle occidentale. Ces images et ce discours sont passés dans la culture courante de l'honnête homme et s'imposent à lui comme des évidences, bien plus, comme un système axiomatique d'appréhension du monde. Cette culture courante est renforcée, martelée, par les grands organes de presse, les médias, le flot principal des recherches académiques, plus que jamais prisonnières des canons de la sociologie wébérienne — que nous évoquerons souvent — et de traditions anthropologiques qui figent les sociétés dans un classement binaire, ou dans des types idéaux qui ne correspondent guère à la complexité des évolutions historiques et des réalités de terrain.

En effet, la sociologie de Max Weber, qui domine toujours les sciences sociales, a mis en place un mode de classement des sociétés par type idéal qui oppose les sociétés modernes et rationnelles aux sociétés « charismatiques » ou « magiques », où dominent la religion, les liens de famille, la figure charismatique d'un chef patriarcal. Les anthropologues ont consacré cette distinction entre sociétés « traditionnelles », précapitalistes, et sociétés modernes. On ajoutera aussi l'influence de Durkheim avec son ouvrage célèbre sur *Les Formes élémentaires de la vie religieuse* (1912), qui confirme cette vision dichotomique : Durkheim y affirme l'importance du religieux dans la structuration des sociétés, tout en opposant les sociétés primitives aux sociétés européennes modernes sorties du religieux.

Chez Durkheim, comme chez Weber, on sent une nostalgie forte de l'emprise de la religion sur la société, telle qu'elle est imaginée et idéalisée dans leur œuvre. Weber fera de l'histoire de l'Occident moderne celle du « désenchantement » du monde, de sa sortie du monde magique de la religion. La civilisation technicienne et industrielle de l'Europe fera naître ainsi tout un courant de désenchantement, de déracinement, de perte des origines, de peur du déclin et de la décadence, qui fait voir les peuples hors d'Europe et leur évolution sous l'influence de la modernité occidentale avec un mélange détonnant d'attraction et de répulsion. C'est l'« institutionnalisation de la mélancolie » dont parle si bien Serge Moscovici — lequel a peut-être le mieux dégagé la signification des œuvres de Durkheim et de Weber [9].

---

9. Serge MOSCOVICI, *La Machine à faire des dieux*, Fayard, Paris, 1988, p. 81.

Analysant l'œuvre de Durkheim, et en particulier son ouvrage sur *Les Formes élémentaires de la vie religieuse*, qu'il considère comme l'« œuvre la plus achevée de Durkheim », Moscovici estime : « Il est écrit dans ce style opaque et rébarbatif, propre à la sociologie, qui décourage la lecture. Et pourtant, si on y prête mieux l'oreille, une envoûtante musique sourd le long du texte, comme une rivière souterraine dont le murmure vous accompagne dans la forêt. On est déconcerté. La langue du savant se délie, s'élève pour rejoindre la langue du prophète et du visionnaire. En l'entendant, j'ai compris pourquoi il ne se lassait pas de rappeler à ses proches : "Il ne faut pas oublier que je suis fils de rabbin." En tout cas, sa théorie de la religion nous révèle mieux l'équation entre le fait social et l'autorité morale, voire psychique. Elle est le sommet de sa sociologie. Tous ses travaux antérieurs sont, comparés à ce grand livre, comme les gammes du pianiste et les croquis du peintre [10]. »

Cette mélancolie donnera le pessimisme d'un Spengler, d'un Kierkegaard ou d'un Heidegger, qui systématisent philosophiquement le mal de vivre de la société occidentale. Heidegger sera le grand théoricien de la libération supposée par rapport à la métaphysique que les « Temps modernes » et la civilisation technicienne apportent à l'Occident. Une étape de plus franchie dans le désenchantement d'un Occident parvenu au sommet de sa puissance et qui se retrouve seul face à lui-même, et donc dans une nouvelle forme d'angoisse provoquée par le fait que l'homme devient ainsi un « être nouveau [11] ». Nous reviendrons plus loin sur les effets de cette angoisse dans le comportement de l'Occident.

---

10. *Ibid.*, p. 44.
11. Martin HEIDEGGER, « L'époque des "conceptions du monde" », *in Chemins qui ne mènent nulle part*, Gallimard, Paris, 1962, p. 99-146.

La « quête inachevée » d'un monde meilleur

Il n'est donc pas facile de sortir de ce carcan intellectuel et culturel que l'Occident s'est tissé et c'est pour cela que le ton de cet essai sera parfois vif, pour ébranler les certitudes confortables qui ne sont souvent que des clichés trop faciles ou pour pouvoir briser ce qui apparaît comme des « évidences » qui n'ont pas toujours la rationalité que l'on pense.

Malgré la critique vitriolique et courageuse de la plupart des concepts de la pensée occidentale moderne osée par Karl Popper, en particulier celle du système d'entendement du monde de Hegel, dans lequel il voit la source de toutes les dérives totalitaires de l'État moderne, la pensée occidentale contemporaine s'est enfermée à nouveau dans un narcissisme dont le système axiomatique est bien celui mis en place par les écrits de Hegel [12]. N'est-il pas vrai d'ailleurs que nous somme dangereusement prisonniers du système de pensée hégélien, lorsque nous parlons de l'Occident ou de l'Orient et de leurs nations, ou du christianisme ou de l'islam et des grandes religions instituées comme des entités vivantes, des êtres collectifs personnifiés, des totalités essentielles ? « N'étaient ses sinistres conséquences, écrit Popper, le cas Hegel mériterait à peine d'être analysé ; mais il permet de comprendre comment un bouffon peut créer l'histoire [13]. »

Le souci de morale universelle qui a animé la pensée de Kant, celle d'un cosmopolitisme éthique et éclairé, si opposée à celle de Hegel, n'est plus qu'une caricature que nous offre tous les jours l'utilisation abusive du droit international par

---

12. Voir, en particulier, de Karl POPPER, *La Société ouverte et ses ennemis*, 2 volumes, Seuil, Paris, 1979, pour la traduction française (original anglais paru en 1962). Popper est un grand épistémologue des sciences, né à Vienne en 1902 et décédé en Angleterre en 1993. Il a mené un combat intellectuel féroce contre la pensée politique de la philosophie hégélienne, marquée par l'historicisme et l'essentialisme, devenue pratiquement modèle universel d'idéalisation de l'État, censé incarner l'essence d'un peuple et son génie.
13. *Ibid.*, tome 2, p. 22.

les États-Unis à travers l'instrumentalisation de l'Organisation des Nations unies. L'Occident, tranquillisé par la mort du fascisme, du communisme et de l'autoritarisme en son propre sein, a marginalisé la pensée critique forte de Popper qui pourrait pourtant nous être bien utile. Le néo-libéralisme triomphant et les « nouveaux philosophes » en font parfois un usage tout à fait déplacé, hors de son contexte et de sa pertinence, pour dénoncer celles des atteintes à la liberté dans le monde qui ne correspondent pas à la conception des intérêts géostratégiques de l'Occident. Cette conception est forgée par les « élites intellectuelles » qui ont fait carrière dans le contexte de la victoire sur l'URSS et le communisme et ont pratiqué une surenchère narcissique d'autant plus vive qu'ils ont été d'abord portés par l'idéologie marxiste. Le « néo-tribalisme » d'inspiration hégélienne que décrit si bien Popper peut enfin s'étaler en toute bonne conscience, maintenant que l'Occident s'est débarrassé de ses deux avatars fasciste et communiste, les plus encombrants pour son image de marque, celle de l'incarnation de la « rationalité ». La « quête inachevée » de Popper, celle d'une remise en cause perpétuelle des prémisses de la raison et de la science, qui seule peut assurer la liberté et les progrès de l'esprit humain, devient une quête « interdite [14] ».

L'argument principal de cet essai sera donc que le discours narcissique de l'Occident sur lui-même, qui ne connaît plus de limites depuis l'effondrement de l'URSS et la fin des idéologies marxistes, marginalise de plus en plus le discours critique qui a fait sa force véritable. Un argument connexe est qu'il n'y a plus d'Occident au sens géographique et anthropologique du terme, car la culture européenne est parvenue à « occidentaliser le monde », y compris dans les sociétés où la contestation de la domination de l'Occident est la plus vive. Cette domination prend des formes impériales inédites que

---

14. Karl POPPER, *La Quête inachevée*, Calmann-Lévy/Agora, Paris, 1981 (original anglais paru en 1974). Il s'agit d'une biographie intellectuelle de l'auteur.

l'on nomme vaguement la « globalisation » ; cette dernière est accompagnée d'une surenchère dans un discours à la fois narcissique et messianique, qui tente d'évacuer toute forme de pensée critique. Or, la marginalisation encore plus poussée de cette pensée critique, voire son écrasement, serait une catastrophe pour l'ensemble de l'humanité.

Cette marginalisation, pour l'instant, ne signifie pas encore disparition, et la pensée critique en Occident et hors d'Occident continue de produire et d'apporter une contribution importante à nos savoirs. Des figures comme Pierre Bourdieu (prématurément disparu début 2002) et Régis Debray en France ou Jürgen Habermas en Allemagne, Eric Hosbawm en Angleterre ou Noam Chomsky et Edward Saïd aux États-Unis, continuent d'avoir une présence dans les débats [15]. La pensée critique peut même parfois être citée dans les médias dominants pour donner l'impression que le pluralisme démocratique continue d'être vivant ; mais elle est diluée, noyée dans le flot des langues de bois et des conformismes intellectuels structurés par les grands axiomes du discours narcissique de l'Occident.

Mon argumentation contre ces axiomes se nourrit largement de la pensée critique occidentale elle-même, en particulier en ce qui concerne les rapports entre le religieux et le politique (où le discours narcissique voit une spécificité de type essentialiste). Elle s'appuie sur ce que j'appellerai la « laïcité en trompe l'œil » de la culture occidentale moderne, qui ne parvient pas à se défaire des archétypes bibliques :

---

15. Noam Chomsky, éminent linguiste, est l'un des rares intellectuels américains qui osent dénoncer sans aucun ménagement la politique étrangère américaine, qu'il qualifie de « terroriste ». À la suite du 11 septembre, il n'a pas manqué de rappeler tous les actes de terreur commis par les États-Unis dans le tiers monde. Certaines de ses interventions et interviews ont été regroupées dans Noam CHOMSKY, *11/9 Autopsie des terrorismes*, Le Serpent à plumes, Paris, 2001, et dans *La Loi du plus fort. Mise au pas des États voyous*, Le Serpent à plumes, Paris, 2002, qui reprend aussi des textes de Ramsey Clark, ancien ministre des Affaires étrangères américain, et d'Edward Saïd. De ce dernier, on lira le très bel ouvrage *Culture et Impérialisme*, Fayard/*Le Monde diplomatique*, Paris, 2000.

prophétisme, élection, salut de l'humanité. Ses idéaux se sont peut-être laïcisés dans la forme, mais ils sont restés prisonniers du fonctionnement profond du monothéisme religieux. Ce basculement des archétypes bibliques de l'ordre sacré à l'ordre profane opéré par les Lumières et la Révolution française est bien connu des spécialistes de la religion, sociologues, théologiens ou philosophes, et de la psychologie sociale [16]. Mais la culture dominante n'en a pas tiré les conséquences.

Bien au contraire, le discours narcissique qui fait de l'évolution du monde occidental une exception inégalable et inégalée dans l'histoire de l'humanité devient de plus en plus totalisant. Il fait de cette prétendue « exceptionnalité » un absolu, fondé sur la mythologie de la « raison » et l'« autonomie de l'individu » par rapport aux croyances collectives, invention du seul génie de l'Occident. Ce dernier se serait séparé depuis plusieurs siècles du reste de l'humanité, en sortant du monde « magique » de la religion et en assurant le règne de la raison collective que tous les grands sociologues,

---

16. On pourra lire par exemple à ce sujet les actes de deux colloques successifs tenus à Rome en 1976 et 1978 : *Herméneutique de la sécularisation* (Aubier, Paris, 1976) et *Religion et politique* (Aubier, Paris, 1978). On se reportera aussi aux contributions de conférences-débats tenues à Paris au Collège de France et publiées sous le titre « La cité et le sacré » dans la revue *Raison présente*, n° 181, Paris, 1992. Sans oublier la remarquable réflexion de Serge MOSCOVICI, *La Machine à faire des dieux*, op. cit. ; ainsi que Pierre LEGENDRE, *Le Désir politique de Dieu. Étude sur les montages de l'État et du droit* (Fayard, Paris, 1988), qui montre l'influence très prégnante des structures théologiques dans la formation des règles normatives de l'État moderne. On ne manquera pas non plus de se reporter au remarquable travail de Carl SCHMITT, *Théologie politique* (Gallimard, Paris, 1988), qui dénonce la légende de la liquidation de la théologie dans l'ordre politique. Et aux analyses fécondes de Manuel de Diéguez sur l'élaboration de la théologie chrétienne et son influence sur les théories de la connaissance, « qui engendrent, aujourd'hui encore, nos mythes du "savoir explicatif" sur le fondement de la notion de "lois" » (Manuel DE DIÉGUEZ, *Et l'homme créa son Dieu*, Fayard, Paris, 1984, p. 13). Du même auteur, on lira aussi, *Essai sur l'universalité de la France* (Albin Michel, Paris, 1991), *Le Mythe rationnel de l'Occident* (PUF, Paris, 1980) et *L'Idole monothéiste* (PUF, Paris, 1981). Il faut aussi rappeler la réflexion de Régis DEBRAY, *Critique de la raison politique ou l'inconscient religieux*, Gallimard, Paris, 1981.

Max Weber en tête, ont si bien décrit. Depuis, le reste de l'humanité ne fait qu'essayer, sans succès, d'imiter l'Occident, de se moderniser, de sortir des structures « précapitalistes », familiales, claniques et religieuses. Peine perdue, il retombe à chaque fois dans les ténèbres d'une barbarie irréductible.

Ce discours fonctionne en cercle clos, sans prise sur les complexités de l'évolution du monde. C'est pourquoi tous les débats à la mode sur le déclin de la laïcité ou le retour du religieux dans le monde m'apparaissent en décalage complet avec la réalité des problèmes et les sources complexes des différents mal-êtres des sociétés en Occident et hors d'Occident. Ils entretiennent le mythe de la rationalité de l'Occident, opposée à l'irrationalité des autres sociétés, et continuent de jeter un voile opaque sur la compréhension des événements.

La question que pose cet essai, qui montre aussi toutes les contradictions de la philosophie des Lumières ou des idéologies riches et diverses qu'elle a engendrées, est de savoir si cette philosophie a épuisé tous ses effets, si elle se meurt aujourd'hui définitivement ; ou si l'on peut encore espérer bâtir sur elle un ordre mondial plus juste et plus équitable, pour peu que l'on parvienne à réduire l'influence pernicieuse du discours narcissique occidental et des images qui l'accompagnent. Il ne s'agira pas dans ces pages d'une critique principalement centrée sur le système de la globalisation économique et de l'idéologie néo-libérale qui l'organise. Cette critique ainsi que les évolutions souhaitables qu'elle suggère ont été proposées par de nombreux penseurs [17]. Mais

---

17. Signalons, en particulier, les très remarquables analyses de Jürgen HABERMAS dans *Après l'État-nation. Une nouvelle constellation politique* (Fayard, Paris, 1998) et, plus récemment, Michael HARDT et Antonio NEGRI, *Empire* (Exils Éditeurs, Paris, 2000), qui donne la description la plus savante et la plus pertinente du fonctionnement de l'ordre international actuel ; ainsi que Luc BOLTANSKI et Ève CHIAPELLO, *Le Nouvel Esprit du capitalisme*, Gallimard, Paris, 1999. Sur les catastrophes économiques entraînées par l'alliance du Trésor américain et du FMI dans de nombreux pays en transition vers le capitalisme, on renverra au témoignage exceptionnel de Joseph E. STIGLITZ, *La Grande Désillusion*, Fayard, Paris, 2002 ;

nous tenterons de replacer les théories de la globalisation économique dans le fonctionnement de la pensée théologico-politique qui organise le discours narcissique occidental. En fait, notre propos principal sera de tenter de comprendre pourquoi la pensée critique est marginalisée par le discours pseudo-philosophique dominant, qui maintient la pensée dans des problématiques sans grand intérêt ou, du moins, sans pertinence par rapport aux névroses et malaises que produit l'occidentalisation du monde.

Dans les chapitres qui suivent, nous désignerons par « culture européenne » les grandes idées de la Renaissance et de la philosophie des Lumières propres à l'Europe du XVIe au XIXe siècle, et par les termes « Occident » ou « culture occidentale » l'addition de puissance, de techniques et d'idées que les États-Unis ont apportée à l'Europe, dont ils sont issus, ainsi qu'à la culture européenne. Il n'est évidemment pas besoin, pour un Occidental, d'avoir lu Hegel et Kant, Weber et Durkheim ou Heidegger et Spengler, pour éprouver les sentiments ambigus, les passions intellectuelles et politiques que les œuvres de ces penseurs ont semés dans la culture ambiante. Le discours occidental sur lui-même et sur le monde, souvent même dans ses aspects critiques, reste un discours fermé, puissant, qui descend des hauteurs supposées de la philosophie hégélienne au commentaire rapide et stéréotypé du journaliste ou au roman d'espionnage qui martèle jusqu'à l'écœurement tous les clichés racistes sur les Jaunes, les Noirs, les Soviets, les Viets, les fellaghas, les fous de Dieu, les Arabes...

Bien plus, trop souvent, toute une partie du discours critique de l'Occident véhiculé par les médias est celle qui

---

l'auteur, prix Nobel d'économie, ancien vice-président de la Banque mondiale pour les études économiques et qui a démissionné de ce poste, y dénonce sans aucun ménagement la courte vue et l'absence de toute vision rationnelle des États-Unis et du FMI dans leurs interventions « au secours » des économies en crise, sans parler de leur indifférence totale par rapport à la corruption et au pillage des pays en crise par les oligarques alliés de l'Occident.

dénonce la perte de sens, exprime la nostalgie d'un monde enchanté ayant précédé les « Temps modernes », monde imaginaire et mythique que l'ontologie occidentale s'est fabriqué pour expliquer le mal de vivre que produirait la supériorité occidentale. La recherche de l'exotisme et du dépaysement morbide dans la relation aux autres peuples et civilisations en est la conséquence. Dieu est alors servi à toutes les sauces et tous les savoirs deviennent inutiles. Le cliché et la généralisation dominent des analyses circulaires qui perdent tout intérêt. Il n'est pas le discours qui analyse et dénonce la pratique politique de l'Occident et ses effets ravageurs, que nous avons évoqués ci-dessus, discours qui reste marginalisé médiatiquement, cantonné à quelques rares organes de presse ou maisons d'édition qui ont le courage de donner la parole aux nouveaux « dissidents » de la conception dogmatique du monde.

C'est pour tenter de sortir des raisonnements passionnels et circulaires qui « désenchantent » le monde que ces pages ont été écrites. Si notre monde ne nous devient pas plus compréhensible, le 11 septembre 2001, plutôt que de n'être qu'un drame regrettable mais isolé, risque de devenir un modèle de violences futures ou le prétexte d'une limitation des libertés et de la réflexion.

1
Aux origines de la fracture imaginaire

L'approche binaire du monde et l'échec du « tiers monde »

Nous sommes trop souvent prisonniers d'une approche binaire de l'existence : le ciel et l'enfer, le bien et le mal, la tradition et la modernité, la civilisation et la barbarie, l'Orient et l'Occident, la grandeur et la décadence, le rural et l'urbain, la nature et la culture, le collectif et l'individuel, le sacré et le profane, le primitif et le civilisé, le monde développé et le monde sous-développé... Durant la période de la guerre froide, on parlait d'Est et d'Ouest, deux pôles opposés qui se disputaient la domination du monde. Totalitarisme à l'Est, démocratie à l'Ouest. Civilisation en Occident, barbarie en Orient. Comme on le verra tout au long de cette réflexion, ces polarités toujours comprises comme des oppositions, des discontinuités, des essences différentes et irréductibles, limitent considérablement la compréhension du monde et de son évolution.

La notion de « tiers monde » fut une innovation conceptuelle dans les années soixante du siècle passé. Elle fit long feu, car ce monde qui était censé être autre que celui de l'Est communiste et de l'Ouest capitaliste devint rapidement un champ majeur de la confrontation entre les deux camps. Les pays du tiers monde se désignèrent sous l'appellation de « pays non alignés » et s'organisèrent en « groupe des 77 », se voulant à égale distance de l'Est et de l'Ouest. Ce groupe existe toujours aujourd'hui, mais il est devenu insignifiant dans son influence sur le cours des événements internationaux. Il est vrai qu'une autre organisation lui a fait concurrence, l'Organisation de la conférence islamique (OCI) menée par le Pakistan et l'Arabie saoudite, deux ténors de l'antisoviétisme, clients de la puissance américaine.

Nasser, président de l'Égypte révolutionnaire, Tito le président de la Yougoslavie, héros de la résistance contre les nazis dans les Balkans, Nehru, Premier ministre indien, symbole de l'émancipation et de la modernité du sous-continent, avaient été les fondateurs laïcs du Mouvement des non-alignés. Saoudiens et Pakistanais, imbus de Coran et de loi religieuse coranique, ont été les fondateurs en 1969 de l'OCI, avec pour objectif avoué de lutter contre le marxisme athée dans les pays du tiers monde. Elle était pro-occidentale, là où le Mouvement des non-alignés (MNA) avait plutôt tendance à s'appuyer sur l'Union soviétique pour accélérer la décolonisation. La fortune pétrolière de l'Arabie saoudite assura le succès de l'OCI [1] et contribua efficacement à l'effondrement de l'influence soviétique dans le tiers monde, ainsi entraîné dans le sillage américain. La bipolarité du monde ne tarda pas à disparaître par la victoire incontestable et totale de l'Ouest contre l'Est, de l'Occident contre l'Orient, du capitalisme contre le socialisme.

Mais le 11 septembre nous montre, de façon crue, une « révolte des gueux » en Orient. Les fantassins de la guerre

---

1. L'OCI comportait cinquante-six États membres en 2000.

Aux origines de la fracture imaginaire

froide qui ont été envoyés en Afghanistan, armés, équipés et entraînés par les États-Unis pour se battre contre l'envahisseur soviétique sous le signe de la foi musulmane, se sont rebellés contre leur maître, attaquant les signes visibles de sa puissance, ses cantonnements militaires ou ses corvettes dans la Péninsule arabique, ses ambassades en Afrique, ses tours orgueilleuses à New York.

L'Orient soviétique vaincu, l'Orient musulman se dresserait-il contre l'Occident avec qui il s'était allié pour abattre la puissance soviétique ? Tout comme la Russie soviétique, puissance « orientale », après s'être alliée avec l'Occident pour abattre le nazisme, s'était retournée contre lui, déclenchant la guerre froide. Quelle est donc cette polarisation si forte, cet Orient et cet Occident qui se combattent et se rejettent sans cesse ? L'histoire du monde est-elle celle d'une fracture qui le traverse de façon structurelle et à laquelle l'on ne peut échapper ? De la bataille de Marathon en 492 av. J.-C., où les Grecs défirent les Perses, à la campagne américaine en Afghanistan, l'Orient et l'Occident sont-ils voués à une lutte sans merci ? Sont-ils pour l'éternité étrangers l'un à l'autre ?

En réalité, notre imaginaire est plein d'images simples et fortes qui nous figent dans le cliché et le préjugé et qui s'articulent sur les oppositions binaires artificielles que nous avons évoquées. L'Orient serait mystique, irrationnel, violent ; l'Occident serait rationnel, laïc, technicien, matérialiste, démocrate. Bref, l'Orient est barbare pour les Occidentaux. Les Orientaux leur rendent la politesse : pour eux, l'Occident est la terre de barbarie par excellence, un continent sans âme et sans religion, une machine de puissance calculatrice et cupide qui veut dominer le monde par la guerre, les sciences, les techniques, le commerce inégal, l'exploitation du sexe de la femme. Derrière ces images, sont présentes de grandes traditions littéraires et académiques, des deux côtés de la ligne de fracture. Nous y reviendrons.

La Méditerranée : épicentre de la fracture entre Orient et Occident ?

Mais où est-elle donc cette ligne de fracture ? Qu'est-ce qui la structure, l'organise ? Voilà le problème majeur. Est-ce la religion, la langue, la race, la civilisation ? Et notre petit monde méditerranéen, d'où sont parties toutes ces images, est-il l'épicentre de cette ligne de fracture ? Les Grecs et les Perses, les Romains et les Carthaginois, les musulmans, Arabes puis Turcs ottomans, et l'Europe catholique : ces binômes antagonistes ne se sont-ils pas battus pour le contrôle de la Méditerranée, siège de nos ethnocentrismes anciens et modernes ?

L'Islam n'a-t-il pas assiégé l'Europe deux fois ? Une première fois par l'ouest en conquérant l'Espagne ; une seconde fois par l'est en arrivant jusqu'aux portes de Vienne. Du Maroc aux Balkans, l'Europe chrétienne n'est-elle pas toujours encerclée par une mer aux couleurs musulmanes ? L'Europe chrétienne, de son côté, n'a-t-elle pas elle aussi par deux fois assiégé l'Orient musulman ? D'abord avec les croisades, puis quelques siècles plus tard avec les grandes avancées coloniales de l'Europe conquérante, celles des Russes, des Français, des Anglais et des Italiens, du Maroc à l'Asie centrale musulmane. Les conceptions de la vie, la religion, les mœurs, les niveaux de développement ne sont-ils pas si opposés entre ces deux rives de la Méditerranée que l'on peut vraiment parler d'une fracture, d'une frontière imperméable séparant deux mondes étrangers l'un à l'autre ? Le 11 septembre ne serait-il qu'un épisode nouveau dans une lutte multiséculaire que se livrent implacablement Orient et Occident ?

Si tel était le cas, que faire alors de l'Orient non méditerranéen et non musulman, l'Orient extrême, le monde du « péril jaune » ? Cet Orient, qui n'a rien à faire avec les musulmans et les Arabes, avait été décrété lui aussi par l'Occident « monde étrange ». L'Orient des Chinois, celui

Aux origines de la fracture imaginaire

des Japonais, décrits dans toute une littérature populaire comme les petits hommes jaunes aux visages impassibles, « fourbes » et mystérieux. Ces derniers, d'ailleurs, ont bien rendu aux Occidentaux leur mépris. Pour les sujets de l'Empire du ciel ou de l'Empire du soleil levant, l'Occidental a été le type même du « barbare » : l'homme blanc leur est apparu comme vulgaire et colérique, ne maîtrisant pas ses sentiments et voulant imposer sa religion et son commerce. Cet Orient extrême n'est-il pas celui d'une fracture encore plus profonde que celle qui existait en Méditerranée entre Européens d'un côté, Arabes, Turcs et Iraniens de l'autre ? Voisins ennemis qui comme tous les voisins devraient bien se connaître, alors qu'il est autrement plus difficile d'être familier du vaste monde hermétique des Chinois et des Japonais ?

Pourtant, aujourd'hui, cette grande fracture entre « Jaunes » orientaux et « Blancs » occidentaux semble avoir disparu ou ne plus organiser le même type d'hostilité et de racisme qu'au milieu du XXe siècle dominé par la peur du « péril jaune ». Il est intéressant de s'interroger sur la disparition de cette ligne de fracture. Il est vraisemblable qu'elle est due aux succès « orientaux », non seulement en matière économique, en particulier pour le Japon, mais aussi dans le domaine militaire. La Chine, lors de la guerre de Corée, a montré sa puissance ; et, par la suite, elle a fait preuve de sa capacité à développer l'arme atomique. Le Viêt-nam a réussi à obtenir l'évacuation des troupes coloniales françaises, puis des contingents américains. En dépit de la disproportion des forces, la détermination, la capacité d'organisation et de sacrifice des Vietnamiens ont assuré la victoire sur la volonté de domination de l'Occident. C'est là, incontestablement, un facteur qui a joué dans la vision de l'Occident sur l'Extrême-Orient.

Une résistance militaire victorieuse force toujours le respect. Cela a été le cas aussi pour les Turcs qui, sous le commandement de Mustapha Kemal, à l'issue de la Première Guerre mondiale, avaient réussi à vaincre les armées occidentales présentes sur les territoires ottomans et tentant de les dépecer. Depuis, il est rare en Occident d'entendre des commentaires dépréciatifs sur les Turcs, alors que tout au long du XIXe siècle, lorsque l'Empire ottoman déclinant était incapable de se défendre efficacement, ces derniers faisaient l'objet des pires qualificatifs — n'en est-il pas resté d'ailleurs dans le vocabulaire courant l'expression « tête de Turc » ? Si les Turcs ont donc échappé à l'opprobre, on voit au contraire combien, pour les Arabes voisins qui n'ont pas su empêcher la domination occidentale sur leur aire géographique et qui ont perdu toutes les guerres depuis leur indépendance, la vision dépréciative continue d'être prégnante en Occident.

En sens contraire, dans leur conscience malheureuse et leur mal de vivre, les Arabes éprouveront le plus souvent une attraction-répulsion schizophrène vis-à-vis du mode de vie occidental : ils entretiendront bien des clichés simplistes sur l'Occident, dont certains ne sont pas étrangers aux grands thèmes de la culture romantique occidentale et de la philosophie du désenchantement de l'Occident que nous analyserons plus loin. Mais rappelons ici que, depuis l'expédition de Napoléon Bonaparte en Égypte en 1798, aucune société arabe n'est parvenue à développer une capacité militaire d'autodéfense. Après la Première Guerre mondiale, Français et Anglais ont réussi avec des troupes très réduites à dominer tous les pays arabes, qui n'ont à aucun moment réussi à affronter militairement l'une ou l'autre des deux puissances coloniales. Après l'indépendance, ce seront les défaites militaires spectaculaires contre l'armée israélienne (1956, 1967, 1973), puis contre l'américaine lors de la guerre du Golfe (1991), qui témoigneront de la permanence de cette impotence militaire. Cette dernière favorise, même inconsciemment, le regard méprisant de l'Occident à l'endroit des Arabes, dont la faiblesse militaire aggrave la désunion et donne ce spectacle pathétique d'une région du monde plongée dans la déshérence.

La Turquie moderne, en revanche, n'éprouvera aucun complexe à devenir membre de l'OTAN et à faire stationner des troupes américaines sur son sol. C'est au contraire la présence des troupes américaines en Arabie saoudite qui sert de point de focalisation à l'idéologie brutalement anti-occidentale d'Oussama Ben Laden et de son réseau de combattants. La Turquie a adopté sous Mustapha Kemal des institutions laïques, après avoir été le siège du dernier des grands califats islamiques ; celles-ci sont toujours en vigueur. Au contraire, le monde arabe et le Pakistan continuent d'être hostiles à la laïcité, que la littérature islamiste, nous y reviendrons, dénonce comme une machine de guerre de l'Occident contre l'Islam[2].

Aujourd'hui, en tout cas, la ligne de fracture semble bien être revenue en son épicentre de toujours, la Méditerranée de l'Est et l'Asie Mineure « musulmane » : ces pays qui refusent l'existence d'Israël et brandissent des Corans en clamant leur anti-occidentalisme. Pourtant, le désordre du monde n'est pas aussi simple à analyser. Car si la fracture est structurée par la différence des religions, comment expliquer qu'elle ait autrefois brisé l'unité de l'Église chrétienne ?

Comment Byzance, fille de la Grèce antique et de l'Empire romain, a-t-elle été séparée de Rome, ce qui a tellement facilité les invasions arabes du VIIe siècle et l'islamisation du sud et de l'est de la Méditerranée, foyer initial et fondateur du christianisme ? L'Empire byzantin était-il un empire oriental ou un empire occidental ? À cheval sur l'Europe et l'Asie Mineure, à quel monde appartenait ce grand absent de la mémoire historique de l'Occident ? Si cette ligne de fracture était aussi puissante qu'elle le paraît, comment cet empire « hybride » a-t-il pu durer plus de dix siècles ? Comment

---

2. Voir ci-dessous, chapitre 6. On remarquera, cependant, en sens inverse, que malgré sa laïcité et son adhésion à l'OTAN, la Turquie n'est toujours pas acceptée comme un membre à part entière de l'Union européenne. Côté européen, la frontière Orient-Occident ne cède pas facilement.

l'hellénisme, qui a régné en maître sur l'Asie Mineure pendant treize siècles, a-t-il pu ainsi s'effondrer ? Comment l'hostilité entre deux Églises d'une même foi a-t-elle abouti au sac de Byzance par les croisés en 1204 ? Pourquoi le christianisme, religion sémite qui naquit et triompha durant sept siècles en Orient, a-t-il pu émigrer en Occident, cédant la place à l'islam sur sa terre d'origine ? Comment le judaïsme, religion fondatrice du monothéisme, considérée comme le symbole de l'esprit sémite, martyrisé durant de longs siècles en Occident où il subit une tentative d'extermination sous le nazisme, peut-il connaître aujourd'hui cette renaissance dans tous les grands pays occidentaux ? Pourquoi cette religion d'origine sémite ne parvient-elle pas à reprendre pied en Orient « sémite » où elle a autrefois germé, sinon sur un mode violent et conflictuel ?

Si les religions sont aussi structurantes des sociétés qu'on le dit, pourquoi le christianisme a-t-il connu autant d'hérésies et de conflits internes, en Orient comme en Occident ? Pourquoi est-ce le grand schisme entre catholiques et protestants qui va si profondément modifier le visage de la chrétienté à travers des guerres de religion meurtrières qui ont dessiné les contours de la diversité culturelle moderne de l'Occident ? Pourquoi l'islam, à qui l'on attribue si couramment une fonction globalisante et agrégative des sociétés, a-t-il été lui aussi déchiré par des schismes permanents, la multiplication des sectes et des écoles religieuses ? Jusqu'à aujourd'hui, le clivage entre sunnites et chiites n'est-il pas agissant dans beaucoup de sociétés musulmanes ?

Autant de questionnements qui battent en brèche des certitudes trop simplistes, des axiomes imaginaires alimentant peurs, tensions et hostilités qui se figent dans diverses formes de névroses culturelles que nous tenterons de décrire en remontant à leurs racines.

Le mythe de la division du monde entre Aryens et Sémites

L'origine intellectuelle de cette fracture entre Orient et Occident peut être trouvée dans l'œuvre des linguistes européens, qui ont dessiné la carte des langues à partir d'une division supposée du monde entre peuples sémitiques et peuples indo-européens. Cette partition a organisé ensuite tous les discours savants ou de vulgarisation sur la fracture entre Orient et Occident. Les travaux d'Ernest Renan, Georges Dumézil ou Mircea Eliade se sont appuyés sur le développement de la linguistique, qui a identifié et classé des groupes de langues aux origines communes : des langues indo-européennes censées appartenir au grand groupe racial aryen, et des langues sémitiques fonctionnant sur un mode différent, appartenant à l'Orient ancien des Babyloniens, Araméens, Hébreux, Syriaques, Arabes et autres groupes de cette région du monde.

Langues, structures mentales et races sont censées coïncider. Comme le dit si bien Maurice Olender, spécialiste des religions : « La race — celle des classifications physiques des anthropologues ou, comme chez Renan, la "race linguistique" —, on ne peut en aucun cas ni y entrer ni en sortir. On est fixé à sa langue, donc à sa religion, comme à la couleur de sa peau [3]. » L'auteur ajoute : « Nombreux sont, dans cet Occident postrévolutionnaire et en crise d'identité nationale et religieuse, les savants qui, avec ou contre Darwin, se cherchent des ancêtres — pour mieux se comprendre au présent, pour mieux se projeter aussi dans un avenir dont ils souhaitent maîtriser les sens. » Comme le dit bien Jean Lambert, reprenant le titre d'un ouvrage de Maurice Olender : « Le XIXe siècle a inventé ce "couple providentiel", Aryens et

---

3. Maurice OLENDER, « Aryens et Sémites dans les savoirs du XIXe siècle », *in Encyclopédie des religions*, Encyclopædia Universalis, Paris, 1991, p. 84.

Sémites, qui révèle aux Occidentaux christianisés le secret de leur domination de l'univers [4]. »

Il est d'ailleurs intéressant de noter que Spengler, dans son œuvre déjà citée, regroupe l'analyse de toutes ces langues et ces peuples dans un grand chapitre unique intitulé « Problèmes de la culture arabe » (et non point, par exemple, « Problèmes des cultures mésopotamiennes »)[5]. Il y confirme la vision d'une rupture entre domaine grec et domaine araméen dès l'Antiquité et affirme la prééminence du religieux dans la vie des civilisations, confirmant le préjugé wébérien et durkheimien, mâtiné des théories sur les Aryens et les Sémites. « L'être éveillé, la religion et la langue, écrit Spengler, sont beaucoup trop apparentés intérieurement pour que la séparation complète entre un domaine linguistique grec, de la pseudomorphose, et un domaine araméen, du paysage proprement arabe, n'ait pas créé, depuis l'an 70, deux régions particulières de développement de la religion magique. » Les travaux percutants de Jack Goody, que nous évoquerons au chapitre suivant, montrent au contraire que les structures de l'Occident et de l'Orient ne se différencient que très tardivement, avec la Révolution industrielle.

Que sont donc, dans ce cas, ces religions « sémites » qui émigrent si facilement, se fixent sur des peuples « aryens » : l'islam en Perse et aux Indes, le christianisme et le judaïsme en Europe ? Quand on pense aux tirades enflammées et racistes du grand Renan sur la « lourdeur » de l'esprit sémite incarné par l'islam, comment comprendre ces migrations formidables des religions sémites en plein cœur des peuples aryens ? Comment l'Iran, terre aryenne par excellence, a-t-il cédé à l'islam, religion sémite, et nous joue-t-il au XXe siècle le grand spectacle d'une révolution religieuse ? Pourquoi la

---

4. Jean LAMBERT, *Le Dieu distribué. Une anthologie comparée des monothéismes*, Cerf, Paris, 1995 ; et Maurice OLENDER, *Les Langues du paradis. Aryens et Sémites, un couple providentiel*, Seuil, Paris, 1989.
5. Oswald SPENGLER, *Le Déclin de l'Occident*, *op. cit.*, tome 2, p. 173-298.

Aux origines de la fracture imaginaire

Perse musulmane que décrit Gobineau, penseur de la hiérarchie des races, ne fait-elle pas l'objet de commentaires anti-islamiques dépréciatifs, voire injurieux, tels qu'on peut les trouver chez Renan[6] ?

En réalité, comme l'explique très bien Maurice Olender : « Redécouverte, la patrie aryenne pouvait jouer le rôle de nouvel ancêtre pour une humanité occidentale en quête de légitimité. Parmi de nombreuses autres fonctions, comprises dans l'histoire des sciences humaines, les recherches indo-européennes ont pu fournir des réponses inédites à un ensemble d'interrogations devenues urgentes au XIXe siècle. Questions qui touchent à la filiation et à la vocation d'un Occident en crise d'identité nationale, politique et religieuse[7]. » Ainsi, la mise en place de la fable d'une origine indo-européenne de l'Occident, qualifiée chez certains auteurs d'« indo-germanique », qui lui donne son dynamisme et sa supériorité sur l'Orient « sémite », permet d'affirmer la suprématie de l'Occident dans la hiérarchie des civilisations. Si l'Orient sémite a inventé, grâce au judaïsme, le monothéisme, il serait resté depuis figé et immobile. Suivant cette mythologie, c'est l'appartenance à la race aryenne qui donne à l'Europe le dynamisme et la créativité qui vont permettre l'essor du christianisme occidental, sur lequel se bâtissent toutes les grandes philosophies modernes.

Un universitaire, professeur à l'université de Montréal, qui décrit avec force détails le rôle du christianisme dans la puissance de l'Occident, reconnaissant le rôle éminent de la ville d'Antioche en Orient dans l'évolution du christianisme, n'hésite pas cependant à « aryaniser » les raisons de cette exception au rôle, supposé exclusif, de l'Occident dans

---

6. En particulier dans son discours d'ouverture du cours de langues hébraïque, chaldaïque et syriaque au Collège de France en 1862, texte publié dans Ernest RENAN, *Qu'est-ce qu'une nation ?* (Presses Pocket, coll. « Agora/Les classiques », Paris, 1992) et que nous avons analysé dans notre ouvrage *Le Proche-Orient éclaté, 1956-2000*, Gallimard, coll. « Folio/Histoire », Paris, 1999, p. 107-112.
7. Maurice OLENDER, *Les Langues du paradis*, *op. cit.*, p. 180.

l'élaboration du christianisme : « Il faut cependant ne pas oublier que c'est grâce au cosmopolitisme tolérant de l'ancienne ville universelle d'Antioche, métropole d'un pays abreuvé de sang indo-européen, que ce lieu — "centre et œil de la chrétienté", comme on l'appela au concile de Nicée de 325 — est devenu le point de rayonnement du christianisme occidental [8]. » Cet auteur estime aussi que la vigueur de l'hellénisme n'est pas due à son extension à l'Orient, mais aux « nombreuses invasions nordiques dont nous ne connaissons en quelque sorte que celles des Ioniens, des Achéens et des Doriens ». Ces invasions sont pourtant antérieures de plusieurs siècles au « miracle » grec. De même pour Rome, dont il faut absolument attribuer la grandeur à l'élément aryen, cet auteur écrit avec la même désinvolture historique : « Toute la grande puissance civilisatrice de Rome, en tant que poste indo-européen extérieur, n'aurait pourtant pas empêché que l'Europe ne retombât dans le giron de l'Asie si, entre-temps, par la germanisation et la celtisation des principaux pays européens, ne s'était non seulement maintenue mais organisée sur le plan culturel la force offensive de l'Occident [9]. »

Par cette coupure pseudo-scientifique entre Aryens et Sémites, la pensée occidentale peut ainsi se séparer de façon mythologique du monde « sémitique » oriental, créer la ligne de fracture qui organise jusqu'à aujourd'hui les perceptions croisées et contradictoires, voire hostiles, qui dominent les sentiments politiques des deux côtés de la Méditerranée. « Une des questions agitant de nombreux écrits, explique Maurice Olender, fut de savoir comment s'arranger avec cet important cadeau du Seigneur, ce monothéisme hébreu qui, au regard du XIXe siècle, oscille toujours entre le sublime et l'odieux — selon que l'on porte son regard sur son versant chrétien ou non. La solution consista souvent, par divers

---

8. A. Ch. DE GUTTENBERG, *L'Occident en formation. Essai de synthèse et de critique des fondements du XXe siècle*, Payot, Paris, 1963, p. 432.
9. *Ibid.*, p. 289-290.

cheminements, à prouver que ce trésor divin, d'abord non partagé, fut promu au rang d'universel grâce au génie aryen. L'appropriation d'un passé qu'on disait prestigieux s'organisait ainsi en termes d'avenir. Les modes d'enquête, les façons de définir les faits linguistiques, de classer les peuples et leurs traditions, n'étaient pas étrangers aux outils conceptuels dont on se servait [10]. »

Plus grave encore, l'idéologie aryenne, qui abandonne toute référence au socle monothéiste à la fin du XIXᵉ siècle pour développer des légendes germaniques spécifiques (reprises par le grand musicien Richard Wagner), va donner naissance à la forme la plus violente de l'antisémitisme, celle du nazisme. L'extermination des communautés juives d'Europe vise à « purifier » la race aryenne de tout élément qui peut rappeler les origines orientales et sémites de la civilisation occidentale. Le nazisme a ainsi cherché à accomplir dans le réel, à porter à sa perfection la fracture imaginaire que le développement des mythologies occidentales sur l'origine des langues avait mise en place au XIXᵉ siècle. (Nous verrons plus loin, au chapitre 6, comment la culture occidentale des trente dernières années réintègre le patrimoine juif dans la culture occidentale au prix d'une exclusion de plus en plus vive de l'islam et d'une sacralisation de l'État d'Israël, « transsubstantiation » de l'Holocauste.)

C'est aussi le mythe de la division du monde entre Aryens et Sémites qui a accrédité le cliché banal qu'Arabes et Juifs ne peuvent que s'entendre en Palestine, puisqu'ils seraient des frères de race dans le sémitisme et que le conflit israélo-arabe est artificiel, entretenu par les régimes arabes dictatoriaux et corrompus. Dans cette image-cliché, les immigrants en Palestine, Polonais, Hongrois, Tchèques, Ukrainiens ou Russes de confession juive, dont les ancêtres ont vécu depuis une dizaine de siècles au moins en milieu européen, ne feraient que retrouver au Proche-Orient leurs « frères de

---

10. Maurice OLENDER, *Les Langues du paradis, op. cit.*, p. 183.

race », les Arabes. L'image-cliché devient insupportable lorsqu'elle est reprise, et souvent avec conviction, par des Arabes qui affirment qu'Israéliens et Arabes finiront par s'entendre parce qu'ils sont tous sémites. Il s'agit ici du processus d'occidentalisation de toutes les cultures dont nous parlerons au chapitre 3.

Autre grand problème dans le dessin de cette ligne de fracture : qu'en est-il des Slaves qui sont aussi venus border la Méditerranée ? À quel côté de cette ligne appartiennent-ils ? À l'Est, où finit l'Europe et où commence l'Orient ? L'Europe ne serait-elle que la pointe extrême de l'Asie [11] ? Les Russes sont-ils d'Orient, ou d'Occident ? Leur adoption du christianisme orthodoxe les rejette-t-elle dans la barbarie orientale ? Comment interpréter ensuite leur folle équipée dans le communisme et la dictature du prolétariat, religion séculaire née au cœur de l'Occident et que l'Occident lui-même va combattre sans répit ? Le communisme russe n'a-t-il été qu'une mauvaise réplique de l'absolutisme supposé de l'Église orthodoxe [12] ? Les Russes eux-mêmes n'ont jamais su bien se définir et la guerre idéologique a longtemps fait rage chez eux entre « slavophiles », convaincus d'un génie propre à leur peuple, celui de la spiritualité, de la mystique, de la foi ardente, et « Occidentaux », convaincus de leur barbarie primitive et de la nécessité de s'« européaniser ».

Comment les Slaves, si ardemment chrétiens, ont-ils su si bien, à la différence des Espagnols, se mêler à différentes populations musulmanes, caucasiennes ou asiatiques, qu'ils ont conquises sur les Empires perse et ottoman déclinants ? Vraiment, les logiques de cette ligne de fracture sont bien insaisissables et les frontières qu'elle est censée délimiter sont toujours en mouvement. En fait, cette ligne tourne

---

11. On lira sur ce point les belles pages d'Emmanuel BERL dans son ouvrage *Europe et Asie*, Gallimard, Paris, 1946.
12. On renverra ici au beau livre de Nicolas BERDIAEV, *Les Sources et le sens du communisme russe*, Gallimard, Paris, 1951.

comme une toupie, se déplace dans l'espace, change de couleur et de discours. Ne serait-elle pas un miroir aux alouettes, un mirage que forgent nos imaginations enfiévrées par les politiques de puissance qui nous sont imposées ?

La morale au secours de la puissance et de la violence

Car la puissance doit toujours justifier les guerres qu'elle déclenche. Conquérants antiques ou modernes, cités-États à la grecque, empires, royautés ou États-nations doivent légitimer l'extension de leur puissance. Autour de la puissance, quelle que soit sa forme institutionnelle, poètes, écrivains, tribuns politiques, académiciens et savants seront là pour ériger les forteresses de l'hostilité et de la peur. Le désir nu de puissance, à l'œuvre dans les grandes invasions de tribus germaniques, franques, wisigothes, des Vikings, Mongols, Khazars et autres peuples guerriers, ne peut plus exister quand la religion, la morale, la loi, les institutions ont été introduites : on ne peut plus engager la conquête et la guerre, causer la mort de l'autre, sans justification. Mais c'est au nom de cette morale ou de cette religion ou de la supériorité d'un mode de vie — en fait la « civilisation » — sur un autre que la violence sera légitimement exercée. C'est la violence « altruiste », la guerre conduite pour une paix qui fera notre bonheur et celui de nos voisins proches ou éloignés, qui pourront ainsi jouir des bienfaits de notre religion ou de notre civilisation. Demandez donc aux Indiens des deux Amériques ce qu'ils en pensent. C'est en effet au nom de Jésus qu'on les a réduits à une peau de chagrin et que leurs institutions et leur religion ont été mises en pièces. Y avait-il aux Amériques un Orient et un Occident[13] ?

---

13. Dans des pages éblouissantes de clarté, de profondeur et de synthèse de nos connaissances sur la nature de la religion, Georges Bataille écrit : « La guerre déter-

Baliverne, donc, que cette ligne de fracture. Dans la variété et la diversité du monde, on peut être surpris que tant de grands esprits se soient laissés prendre à figer la diversité dans le stéréotype, la logique binaire du « eux » et du « nous ». Car la fabrication du préjugé dans les pays de « haute civilisation » est un monstre que les progrès de l'esprit humain n'ont pas arrêté. Des travaux récents nous montrent que même les plus grands parmi les philosophes des Lumières, à qui nous devons tant, ont contribué à forger les préjugés nationaux modernes [14]. D'autres, parmi ces philosophes, ayant prêché l'abolition de l'esclavage au nom des droits de l'homme, n'ont pas joint le geste à la parole ou l'écrit en affranchissant leurs propres esclaves dans leurs plantations aux colonies [15]. Ces contradictions malheureuses se perpétuent aujourd'hui dans le comportement international des pays démocratiques, qui n'appliquent pas les mêmes règles à toutes les situations de conflit, en dépit de ce grand principe moderne que la loi est la même pour tous, soit qu'elle protège, soit qu'elle punisse. Nous verrons plus loin combien cette dichotomie entre la parole et l'action mine l'extension de la démocratie dans le monde.

---

mine le développement de l'individu au-delà de l'individu-chose dans l'individualité glorieuse du guerrier. L'individu glorieux introduit, par le moyen d'une négation première de l'individualité, l'ordre divin dans la catégorie de l'individu (qui d'une façon fondamentale exprime l'ordre des choses). Il a la volonté contradictoire de rendre durable une négation de la durée. Ainsi sa force est-elle pour une part une force de mentir. La guerre représente une avancée hardie, mais c'est la plus grossière : il ne faut pas moins de naïveté — ou de sottise — que de force pour être indifférent à ce qu'il surestime et pour se vanter de s'être compté pour rien » (Georges BATAILLE, *Théorie de la religion*, Gallimard, Paris, 1973, p. 79-80 ; première édition : 1948).

14. Marc CRÉPON, *Les Géographies de l'esprit. Enquête sur la caractérisation des peuples de Leibniz à Hegel*, Payot, Paris, 1996 ; dans un autre registre, on pourra lire Jean-Noël JEANNENEY, *Une idée fausse est un fait vrai. Les stéréotypes nationaux en Europe*, Odile Jacob, Paris, 2000.

15. Louis SALA-MOLINS, *Les Misères des Lumières. Sous la Raison, l'outrage*, Robert Laffont, Paris, 1992.

Aux origines de la fracture imaginaire

Mais s'il n'existe pas une ligne de fracture entre l'Orient et l'Occident qui organise le monde, comment expliquer cette supériorité de l'Occident qui depuis le XVIᵉ siècle mène le progrès de l'humanité ? N'est-ce pas cette supériorité technique qui fonde et légitime la « culture de la primauté », suivant la belle expression de Sophie Bessis, que développe l'Occident depuis la Renaissance [16] ?

---

16. Sophie BESSIS, *L'Occident et les autres, op. cit.*

2

Décadence/Renaissance : une alchimie mystérieuse

La Renaissance européenne : la vanité de la causalité unique

Si la notion d'Occident s'impose à nous avec une force aussi impérieuse, c'est en raison de la supériorité qu'il montre dans tous les domaines depuis plusieurs siècles. Suprématie de l'Europe d'abord qui colonise et ouvre le monde, brisant les frontières de la Méditerranée, conquérant l'Atlantique et le monde américain, contournant le vaste empire des Ottomans et débouchant dans l'océan Pacifique et les mers de Chine.

Il est curieux d'ailleurs de constater le rôle que joue un tout petit pays, le Portugal, dans ce bondissement de l'Europe hors de sa boîte, bien avant que ne se mettent en place les grandes nations européennes que seront la France et l'Allemagne. Ce sont les marins et constructeurs de bateaux portugais qui font les progrès décisifs ; et derrière eux les Espagnols, qui s'emparent de l'or des civilisations du sud du continent américain. Les Hollandais suivent à leur tour un destin maritime imité par l'Angleterre. La France comblera le retard lorsque la Révolution française fera sombrer le vieil ordre féodal. L'industrialisation allemande sera encore plus tardive, ne prenant son essor qu'au cours de la seconde moitié du XIXe siècle avec l'unification des différentes principautés allemandes.

C'est au cours des XVIe et XVIIe siècles que débute le basculement de la prospérité du sud vers le nord de l'Europe, que l'historien Fernand Braudel a si bien décrit, sans pourtant pouvoir l'expliquer entièrement [1]. Gênes et Venise cessent d'être les grands pôles commerciaux de l'Europe et la Méditerranée commence son inéluctable déclin. On connaît la thèse de Max Weber, le grand sociologue allemand de la fin du XIXe siècle, sur le rôle pivot qu'aurait joué le protestantisme dans ce basculement qui est accompagné de l'émergence du capitalisme industriel en Angleterre [2]. Elle sert jusqu'à aujourd'hui d'archétype des analyses sur le rôle de la religion dans l'économie, mais elle n'est guère convaincante (Weber a vraisemblablement été inspiré par Hegel, qui écrit dans *La Philosophie de l'histoire* : « D'abord il nous faut considérer la Réforme en elle-même, le soleil qui transfigure tout et qui succède à cette aurore de la fin du Moyen Âge, puis le développement de la situation après la Réforme, et enfin l'époque nouvelle à partir de la fin du dernier siècle [3]. »).

En effet, les traces de la révolution industrielle et rationaliste, encore en gestation souterraine, se trouvent un peu partout en Europe dès le XIVe siècle. Le phénomène de la Renaissance européenne est multiforme ; il se déroule tout autant en pays catholique qu'en milieu protestant. Luther et Calvin sont des personnages enfoncés dans une métaphysique

---

1. Fernand BRAUDEL, *Civilisation matérielle, économie et capitalisme, XVe-XVIIIe siècle*, Armand Colin, Paris, 1979, tome 2, *Les Jeux de l'échange*, p. 507.
2. Max WEBER, *L'Éthique protestante et l'esprit du capitalisme*, 1905.
3. Cité par Karl POPPER, *La Société ouverte et ses ennemis*, *op. cit.*, tome 2, p. 33.

religieuse furieuse ; des « fondamentalistes », pour parler notre langage moderne, qui veulent restaurer la « pureté » des origines contre le faste, la pompe et les excès de l'Église catholique. Ils idéalisent l'Ancien Testament, font revivre cette vieille histoire sainte que le Nouveau Testament avait rejetée dans le domaine du patrimoine ancien. De même, la révolution de Cromwell en Angleterre se fait à coups de citations bibliques : elle est une véritable révolution religieuse fondamentaliste, ce qui n'est pas très « moderne », même si elle vise à faire reculer l'absolutisme royal. Elle est en réalité une étape nouvelle dans l'émergence de la démocratie, dont les germes sont apparus au XIIIe siècle en Angleterre avec la *Magna Carta* de 1215 et au XIVe siècle sur le continent avec le développement des libertés communales. Mais c'est bien par l'idéologie religieuse de retour aux sources que ce processus est passé.

La recherche de la suprématie de l'Europe dans la causalité unique est une voie de garage. Il est vraiment dommage que la thèse de Weber sur le rôle du protestantisme, au demeurant avancée avec prudence, ait dominé les esprits, tout comme plus tard les préjugés de Renan sur la « lourdeur » de l'esprit sémite. Il est vrai que la thèse de Weber constituait une tentative habile de s'inscrire en faux contre la vision marxiste de l'histoire et du progrès, d'où un succès qu'elle n'aurait vraisemblablement pas mérité autrement. Conçoit-on, en effet, la Renaissance européenne sans Gütenberg et Michel-Ange, sans Machiavel, Spinoza, Descartes et Galilée, etc., tous très loin du protestantisme et de ses furies fondamentalistes dans les premières phases de son histoire ?

C'est une constellation de facteurs innombrables, artistiques, scientifiques, techniques, qui a soulevé l'Europe, en a fait un continent de conquérants. La conquête des espaces atlantiques a contribué au basculement des pôles de prospérité du sud vers le nord de l'Europe. La révolution industrielle est le résultat, elle aussi, d'une effervescence peu commune, entretenue par la conquête du monde et la curiosité technique et scientifique, dont les racines plongent dans la Renaissance italienne ou la révolution agricole anglaise du XVIIᵉ siècle, voire plus tôt, à partir du XIIIᵉ siècle, comme l'avance l'historien Pierre Chaunu, qui a étudié les progrès de l'alimentation en Europe [4].

Les progrès de la théologie n'ont vraisemblablement pas été absents des facteurs de renaissance de l'Europe. Comme l'ont montré beaucoup d'auteurs, le droit constitutionnel moderne puise largement l'inspiration de sa structure dans les grandes constructions politico-théologiques du Moyen Âge. En remplaçant le souverain monarque de droit divin par l'être collectif qu'est la « nation », invention de la Révolution française, la culture occidentale a basculé dans la « modernité ». En sens inverse, en Islam, après les progrès de la théologie et de la philosophie sous les Abbassides, la fermeture théologique et la fixation définitive des écoles jurisprudentielles au XIᵉ siècle ont entraîné un déclin scientifique et littéraire inexorable.

La vision marxiste nous a aussi longtemps mal aiguillés : sa vision des modes de production et de leur évolution, de la spécificité de la dynamique européenne, opposée à un « mode de production asiatique » statique, a contribué à répandre la fable d'une supériorité occidentale génétique. Le marxisme du XXᵉ siècle, avec ses colorations intellectuelles russes et du tiers monde, voudra, en sens inverse, nous faire croire que le pillage colonial expliquerait seul la prospérité de l'Europe. Alors que ce pillage a entraîné le déclin spectaculaire de l'Espagne, et en a fait le pays le plus pauvre d'Europe ; la

---

[4]. Pierre Chaunu, *La Civilisation de l'Europe des Lumières*, Flammarion, Paris, 1982 (édition originale, 1971). Il écrit : « Depuis le XIIIᵉ siècle, la distance technologique, en dépit de toutes les apparences, entre la Méditerranée basculée en Europe et le reste du monde n'a cessé de croître. La supériorité de l'Europe plonge quelques-unes de ses racines dans un double choix : en faveur d'une alimentation carnée à base de protéines animales et en faveur du moteur musculaire animal... Les Européens "luxueusement" nourris s'opposent globalement, par-delà les nuances régionales, aux autres hommes. » (p. 63).

France, pour sa part, a saigné et martyrisé certains peuples, sans profit véritable pour elle. Et l'Allemagne sans colonies, à la traîne sur le plan de la révolution industrielle, a fini par devenir la plus grande puissance européenne.

Existe-t-il des lois en histoire ?

Tout cela montre qu'il est bien difficile d'établir en histoire des lois ou des causalités certaines. La philosophie des Lumières, qui a voulu dégager de telles lois (que Hegel a popularisées dans sa *Philosophie de l'histoire*), s'est montrée, dans ce domaine, bien imprudente. On peut, certes, avec le recul des siècles et l'absence de passion, trouver des explications à la grandeur et à la décadence des civilisations disparues, comme Montesquieu l'a fait pour les Romains ou comme Toynbee, le grand historien anglais, l'a tenté dans une œuvre abondante, mais qui participe de cette recherche peut-être vaine de lois en histoire, des clés de notre destin et de la généalogie précise de nos origines. On rappellera ici la thèse principale de Spengler, qui distingue la culture vivante, enracinée dans l'esprit ou le génie d'un peuple, de la civilisation qui transforme une culture en un ensemble de règles figées et qui donc entre nécessairement en décadence. L'impérialisme, la « tendance expansive » comme le dit Spengler, est aussi le destin de toute civilisation et annonce la fin, le déclin [5].

---

5. Voir *Le Déclin de l'Occident*, op. cit., tome 1, Introduction, p. 48-49 et p. 43 : « La civilisation est le destin inévitable d'une culture. » Toynbee se pose aussi la question de savoir si l'Occident pourra mener à bien la constitution d'une société mondiale qui ne pourra être qu'une forme de désagrégation (voir « Vers l'uniformité par voie de désintégration », *in L'Histoire. Un essai d'interprétation*, op. cit., p. 607-617). Il rejoint ainsi Spengler, pour qui « la ville mondiale n'est pas un peuple, mais une masse » (p. 45). Le problème est évidemment que la mort d'une civilisation se déroule sur des plages temporelles très longues. Si l'on peut reconstituer la période culminante d'une civilisation passée, il est bien difficile de situer la civilisation occidentale sur l'échelle de la grandeur et de la décadence. Les événe-

C'est Karl Popper, on l'a vu, qui a le mieux montré les dangers de cette conception et de cet usage de l'histoire qu'il appelle « historicisme⁶ ». L'on ne peut ici manquer de reprendre l'expression la plus claire de la critique popperienne du discours historique que l'Occident tient sur lui-même depuis Hegel : « Mais puisque je reconnais à chacun le droit d'interpréter l'histoire à sa manière, pourquoi le refuserais-je aux historicistes ? Parce que leurs interprétations sont d'une nature bien particulière. Ils ne cherchent pas à diriger en quelque sorte un projecteur sur le passé, avec l'espoir que son reflet éclairera le présent, mais ils le tournent vers eux-mêmes et, dès lors, éblouis, voient mal ou ne voient pas ce qui les entoure. Plus explicitement : au lieu d'admettre que c'est nous qui choisissons et mettons en ordre les faits historiques, ils croient au contraire que l'histoire, par des lois qui lui sont inhérentes, détermine notre comportement, nos problèmes, notre avenir et même notre point de vue. Selon eux, notre besoin d'une interprétation historique ne découle pas de nos problèmes pratiques mais de notre intuition profonde que l'étude de l'histoire nous révélera le secret de notre destin. Ils cherchent à découvrir la voie que l'humanité devra fatalement suivre : somme toute à trouver la clé de l'histoire⁷. »

Tout autre chose est de comprendre, à l'intérieur d'une civilisation encore vivante, à quel point du cycle on se trouve et à quel défi véritable on a à répondre pour ne pas entrer en décadence. L'Occident s'est souvent vu décadent, alors qu'à chaque fois sa puissance s'apprêtait à rebondir. En sens inverse, les Russes ou les Arabes se sont vus plusieurs fois en train de renaître, depuis le début du XIXᵉ siècle, alors que leurs rêves de renaissance se sont fracassés. La Chine a cru faire un grand « bond en avant » avec la Révolution culturelle

---

ments du 11 septembre représenteront-ils pour les historiens futurs un degré significatif de l'ascension ou de la décrue de l'Occident ?

6. Voir Karl POPPER, *Misère de l'historicisme*, Presses Pocket, coll. « Agora », Paris, 1988.
7. Karl POPPER, *La Société ouverte et ses ennemis*, *op. cit.*, tome 2, p. 179.

déclenchée par Mao Zedong dans les années soixante, et pourtant son décollage économique véritable ne semble avoir commencé que vingt ans plus tard. Quant aux Khmers rouges, qui voulaient faire revivre leur culture et leur civilisation, ils n'ont produit qu'un génocide qui a laissé le Cambodge encore plus pauvre et exsangue qu'il ne l'était avant leur révolution.

Il reste, en dépit de tout ce qui a été écrit d'intelligent sur la vie et la mort des civilisations anciennes, que nous sommes bien en peine de dire pourquoi les grandes civilisations antiques, toutes basées en Orient, ont disparu et pourquoi, depuis cinq siècles, c'est l'Europe qui a tenu le flambeau de la civilisation. L'extension du peuplement et des savoirs et techniques européens à l'Amérique du Nord et au continent australien a forgé ce que nous appelons aujourd'hui communément l'Occident, cœur du monde civilisé. Qu'est-ce qui a fait monter sa puissance de façon inexorable, en dépit des révolutions et des guerres atroces que l'Europe a connues au XIXe et au XXe siècle ? Une Europe qui depuis les guerres de religion n'a cessé de se déchirer, tout en partant victorieusement à la conquête du monde. Qu'est-ce qui a fait régresser les autres civilisations, semblant s'enfoncer dans l'immobilisme, paraissant ossifiées face à la dynamique européenne ? La Chine des mandarins et de l'opium, le Japon des samouraïs, l'Empire ottoman qui s'est décomposé comme sous l'effet d'un acide ; même l'Inde, ce continent géant des arts et du faste, qui a su allier ou du moins concilier le meilleur de la civilisation islamique et de la culture védique, s'est laissé conquérir par une compagnie marchande anglaise — des commerçants d'une petite île située à 15 000 km du continent indien... Et que dire de la minuscule Hollande, qui a soumis l'immense archipel indonésien, ou du petit Portugal, qui a réussi à se bâtir un empire en Afrique et à grignoter des bouts d'Asie ?

Le mythe du « miracle grec »

Qu'est-il donc arrivé car, depuis l'équipée « miraculeuse » des Arabes fondateurs de l'empire ommeyyade auquel succède celui des Abbassides, notre monde d'Europe et d'Asie Mineure n'a pas connu de tels bouleversements dans l'ordre et la prééminence des civilisations ? Comme toujours, malheureusement, triomphent les explications simplistes, celles qui nous offrent une causalité unique pour comprendre des alchimies complexes et qui restent largement mystérieuses. La culture européenne avancera deux types d'explication simples, mais contradictoires. Elles ne nous viennent pas directement de la philosophie des Lumières, mais de ses dérivés plus tardifs.

La première se fonde sur un axiome à la fois essentiel et pseudo-scientifique que nous avons décrit au chapitre précédent : la rationalité est aryenne, ce qui explique à la fois le « miracle grec » et le « génie du christianisme » occidental ; le retard est sémite et il est dû à ses religions, islam en tête. Ernest Renan sera le grand théoricien de cette dichotomie qui consacre et justifie l'idée forte de fracture entre l'Orient et l'Occident. La violence raciste de ses propos sur l'« esprit sémite », construction imaginaire et récit mythique, n'a guère été dénoncée par la suite, de même que Hegel est resté une idole « intouchable » de l'esprit occidental. Sauf, soulignons-le encore, pour Karl Popper, qui n'a pas hésité à qualifier Hegel de simple « propagandiste » ayant produit « une des pires escroqueries intellectuelles de notre époque » ; il l'a accusé de « malhonnêteté intellectuelle », citant le jugement sévère de Schopenhauer sur Hegel : « Voulez-vous abrutir un jeune homme et le rendre incapable de penser, alors faites-lui lire Hegel. Essayant vainement de comprendre ce monstrueux entassement de mots qui se contredisent et s'annulent, son cerveau épuisé succombera au point que dorénavant l'infortuné prendra pour une pensée authentique le verbiage le plus vide [8]. »

« Je me suis efforcé de démontrer, écrit encore Popper, à quel point l'historicisme hégélien s'identifie à la philosophie du totalitarisme moderne. Cette évidence est largement méconnue, et l'hégélianisme fait maintenant partie du vocabulaire d'un vaste cercle d'intellectuels, et même de beaucoup d'antifascistes et d'hommes de gauche. Il fait à ce point partie de leur atmosphère qu'ils ne sont pas plus conscients de sa profonde malhonnêteté que de l'air qu'ils respirent [9]. »

La seconde explication avancée par la culture européenne attribue la rationalité occidentale exclusivement au « miracle grec », dont l'Europe serait l'héritière. La Grèce antique a produit la philosophie, la rationalité et la démocratie que retrouve l'Europe de la Renaissance après des siècles d'obscurité. Mythologie aimable, mais qui isole artificiellement le miracle grec de l'hellénisme, cette grande culture fusionnelle issue de l'Orient autant que du tout petit « Occident » macédonien. Son héritier véritable est Byzance, qui disparaît en 1452 du fait de la conquête de Constantinople par les Turcs ottomans. Byzance : empire asiatique et oriental typique ou l'héritier de plusieurs civilisations disparates dont, bien sûr, les civilisations grecque et romaine ? Que serait la Grèce ancienne s'il n'y avait pas eu ces contacts intenses avec la civilisation égyptienne et les grandes civilisations d'Asie Mineure, celles des Perses et des Mèdes et celles des grands empires mésopotamiens ? C'est la contribution de toutes ces populations qui conduira la grande culture hellénique, dominant l'Orient (jusqu'aux invasions arabes) aux côtés de la culture syriaque, elle-même héritière des civilisations babylonienne, chaldéenne, araméenne, assyrienne. Et c'est la civilisation musulmane, on l'oublie trop souvent, qui protégera ce

---

8. *Ibid.*, p. 55.
9. *Ibid.*, p. 55.

patrimoine et le transmettra à l'Europe, lui permettant ainsi de bâtir sa renaissance intellectuelle sur lui.

Encore une fois, les idées simples ne servent donc guère à donner des clés d'explication pertinentes. Cette vision d'une Europe héritière du miracle grec plonge en réalité ses racines dans le travail culturel accompli par la Renaissance et la philosophie des Lumières : Rome et Athènes païennes sont alors remises à l'honneur dans toute leur splendeur pour faire un grand pied de nez à l'Église catholique toute-puissante, toujours enfermée dans l'histoire sainte et le refus du progrès au milieu d'une Europe qui veut briser toutes ses chaînes. Au nord de l'Europe, cependant, on fait plus appel à l'Ancien Testament, comme nous l'avons déjà évoqué ; au sud, en Italie et en France surtout, on revient à l'Antiquité païenne.

Les plus hardis ou les moins conservateurs dans cette Renaissance européenne ne sont donc pas toujours ceux qui nous apparaissent tels aujourd'hui. Au regard de l'histoire, la dichotomie classique entre « pays » protestants, libéraux et humanistes, et « pays » catholiques, conformistes et réactionnaires, n'est guère pertinente. Elle peut être attribuée à cette tendance de l'esprit humain à fonctionner sur le mode binaire, à chercher des causalités uniques à des phénomènes complexes. C'est à Hegel puis à Weber, je pense, que nous devons ce mythe ou ce préjugé sur le « progressisme » du protestantisme et son libéralisme ; les remords français d'avoir persécuté les protestants et répudié l'édit de Nantes en ont facilité la consolidation.

Mais, en fait, rien n'est aussi simple qu'on le croit et la littérature abondante et savante sur la Renaissance et la Révolution industrielle ne nous donne pas une clé d'explication unique de l'alchimie qui produit la puissance européenne. « Qu'un auteur, aussi amoureux de précision que Valéry, s'étonne Emmanuel Berl, ait pu écrire : Europe = Grèce + Rome + christianisme, éveille en moi une surprise toujours renouvelée. Car enfin, Valéry est d'abord un poète. Or ni Tristan et Ysolde, ni Roméo et Juliette, ni don Quichotte, ni

Faust ne sont des Grecs organisés par Rome et convertis par saint Paul [10]. » Dénonçant avec une grande pertinence les procédés artificiels visant à établir une « continuité fallacieuse » dans l'histoire de l'Europe, cet auteur ajoute : « C'est que la continuité fallacieuse de la chronologie, la permanence fallacieuse d'un vocable, et la prétention généalogique habituelle aux parvenus émoussent la sensibilité des Européens aux trous, aux sauts quantiques de leur histoire. Ils vont jusqu'à se réclamer de la jeune fille trouvée, enlevée par Jupiter sur une plage d'Asie Mineure, et ne se rappellent pas que pour les Grecs "Europe" désignait un monde étranger à la Grèce [11]. »

Nous disposons enfin, aujourd'hui, d'un travail remarquable d'un historien et anthropologue britannique, Jack Goody, qui nous fait toucher du doigt la vanité de la plupart des hypothèses concernant l'« idée d'un phénomène unique, "miraculeux", [...] de la singularité de l'Occident », autour de laquelle les sciences humaines occidentales modernes se sont cristallisées [12]. Ce remarquable auteur s'élève aussi contre les différents présupposés d'une « coupure radicale opérée dans l'histoire du monde par le développement occidental ». Il rétablit ainsi les continuités qui, depuis l'Antiquité, ont caractérisé les structures anthropologiques de l'Orient et de l'Occident, montre le caractère « pendulaire », dans l'histoire longue, des grandes civilisations, qui passent d'un continent à l'autre. Une autre question, évidemment, est de savoir s'il y a vraiment un sens à l'histoire, sitôt que l'on sort de la vision de la lutte pour la survie des civilisations, et sous leur masque, en contrepoint obsessionnel, pour la suprématie et la hiérarchie des peuples ou des cultures qui ont forgé ces civilisations.

---

10. Emmanuel BERL, *Europe et Asie*, *op. cit.*, p. 9.
11. *Ibid.*, p. 10.
12. Jack GOODY, *L'Orient en Occident*, Seuil, Paris, 1999, p. 9 et 14.

Religion et capitalisme dans la supériorité occidentale

Une autre variation sur la dichotomie Orient-Occident est beaucoup plus pernicieuse. C'est un mélange de darwinisme, la théorie de la survie des espèces les plus fortes, et de la vision hégélienne de l'histoire où le christianisme est conjugué avec l'Europe et l'État moderne comme étape suprême de l'histoire et de la raison. Selon cette vision, qui se marie avec le racisme le plus primaire, l'Occident avait les gènes d'une espèce plus dynamique et plus coriace que les autres, destinée en conséquence à dominer les autres. « Nous sommes les plus forts parce que nous sommes blancs et blonds, intelligents, rationnels, scientifiques et que notre religion, même mise au musée, est la plus évoluée et la plus noble » : tel est en substance l'essentiel de cette variation, dont Karl Marx proposera une version moins raciste et plus présentable, celle de l'hégélien de gauche qu'il était. Pour lui, l'Europe triomphe parce que c'est chez elle que le capitalisme brise les chaînes du féodalisme et ouvre les portes toutes grandes à l'exploitation des forces productives. Pour parvenir au stade supérieur de l'histoire, la société communiste d'abondance, il est légitime que l'Europe conquière le monde, abatte les sociétés fossilisées, le « despotisme hydraulique » asiatique : l'Europe, et plus particulièrement l'Angleterre industrielle, est le cœur du monde sur lequel tous les continents doivent se brancher pour entrer dans le cycle du progrès et du bonheur. C'est pourquoi Marx approuvait la colonisation.

Pour ceux qui appartiennent aux civilisations momifiées, il faut bien trouver une explication au retard et au sous-développement : le marxisme (auquel Lénine, le saint révolutionnaire de la Russie, ajoute sa touche en écrivant, entre autres, l'opuscule intitulé *L'impérialisme, stade suprême du capitalisme*) et ses avatars ultérieurs constituent à cet égard une des mythologies centrales du XXe siècle. Le pillage colonial entraîne le sous-développement et aiguise les contradictions entre puissances capitalistes : faisons tous la révolution dans la grande fraternité communiste et nous serons sauvés. Hélas, encore une fois, les choses ne sont pas aussi simples. Les ruses de l'histoire sont insondables. À Lénine, Trotski, Staline, Tito, Nasser, Nehru, ont succédé depuis quelques décennies les barbes patriarcales de l'imam Khomeyni en Iran, d'Oussama Ben Laden dans l'Afghanistan des Talibans. Alors, est-ce la religion qui explique le sous-développement et l'arriération ?

Beaucoup l'on pensé, surtout pour les sociétés où domine la religion musulmane. Faut-il moderniser l'islam, copier l'évolution de l'Europe, ou bien faut-il « revenir aux sources », en une révolution fondamentaliste qui retrouve la pureté perdue des origines ? Imiter ici encore, consciemment ou inconsciemment comme nous le verrons plus loin, l'évolution de l'Europe où l'émergence du protestantisme et la Révolution anglaise du XVIIe siècle ont bel et bien été des révolutions fondamentalistes à caractère religieux — ce qui ne les a d'ailleurs pas empêchées d'affirmer des revendications de justice et d'équité contre l'ordre impérial catholique ou contre le fonctionnement de la monarchie de droit divin.

La pensée des réformistes musulmans sera ainsi furieusement divisée entre deux courants antagonistes. Le premier, pour réussir, a besoin de l'Europe, ne veut pas rompre avec elle, mais au contraire cherche le dialogue, la compréhension, l'assistance, réclame la fin du colonialisme et des rapports inégaux qui se sont établis depuis des siècles entre puissances européennes et peuples voisins de la Méditerranée et de l'Asie Mineure. Le second, au contraire, ne fait que dénoncer l'Europe et son esprit de croisade contre l'islam, sa fureur de dominer et d'exploiter le monde. Il veut se battre, mobiliser, galvaniser contre les infidèles qui corrompent la pureté de l'islam. Pour eux, la modernité n'est qu'un complot européen pour affaiblir l'esprit religieux, le vrai ciment, le seul, d'une société musulmane.

Les puissances européennes, cependant, ne savent pas reconnaître leurs alliés dans ces pays qu'elles dominent. Elles n'aiment pas vraiment les libéraux et réformistes modernisants qui parlent le même langage qu'elles, celui des principes démocratiques, du droit des peuples à disposer d'eux-mêmes et à réaliser leur unité et leur indépendance. Généraux, conquérants, administrateurs coloniaux préfèrent traiter avec les chefs traditionnels, tribaux ou religieux, en bref, renforcer les structures archaïques en les institutionnalisant de façon moderne. C'est ainsi que les ethnismes, tribalismes, communautarismes seront partout développés et promus, institutionnalisés politiquement. Le pluralisme naturel de ces sociétés que l'industrialisation n'a pas homogénéisées deviendra ainsi sectarisme dangereux.

Demandez donc aux historiens indiens comment les Indiens de confession musulmane ont été préparés par les administrateurs anglais à une vie séparée des Indiens d'autres religions, avec lesquels pourtant ils vivaient en symbiose depuis des siècles ! « Alors qu'en Europe on commençait à parler de nations, explique l'historienne indienne Romila Thapar[13], on s'est mis en Inde à parler de nations hindoue et musulmane. Cette conception colonialiste qui fondait l'Inde sur des identités religieuses séparées a amputé la population de son passé, avec des effets désastreux. Elle contredisait l'historiographie sanscrite et persane, qui n'avait pas conscience de l'existence de deux nations. Ainsi a-t-on développé un système de représentation séparée sur une base religieuse, la notion de majorité et de minorité, et celle de communautés hindoue et musulmane. » Demandez donc aussi comment la France a institué légalement des communautés « historiques » au Liban et en a fait la base de l'ordre public. Les germes des guerres civiles futures dans le tiers monde, après les indépendances, sont à rechercher dans ces

---

13. Entretien, *Le Monde*, 11 mai 1993.

politiques coloniales. La rivalité Est-Ouest et la guerre froide, qui se déroule en grande partie dans le tiers monde, ne feront qu'exploiter ce terreau fertile. Et pendant que l'Europe réalise enfin son unité, du moins économique, on assiste aujourd'hui un peu partout à la multiplication de ces guerres civiles, massacres et génocides, jusqu'aux portes de l'Europe, dans les Balkans.

Le miracle asiatique : y a-t-il des valeurs asiatiques spécifiques ?

Pourtant, après le Japon, à la fin du XXe siècle, la Corée, Singapour, la Malaisie, voire la Thaïlande, surnommées les « tigres » du Sud-Est asiatique, sortent du sous-développement. Le Japon, auparavant tant décrié et dont on raillait la mauvaise qualité des produits industriels, étonne et fait peur, d'autant que son modèle devient contagieux dans la région. On crie au « miracle », comme si seul l'Occident pouvait avoir le secret de la prospérité. Comment l'expliquer ? C'est la problématique wébérienne qui va triompher à nouveau : les « valeurs asiatiques », organisées par le bouddhisme et le confucianisme qui prêchent le détachement, le reniement, la discipline, auraient permis une greffe positive de la modernité. Le facteur religieux est ainsi érigé à nouveau par les observateurs occidentaux en causalité unique.

Encore une fois, l'esprit occidental surprend : lui qui le premier aurait réussi à sortir de la vision religieuse du monde et de la pensée exclusivement métaphysique, il s'enferre à mettre les religions à toutes les sauces. Peut-on vraiment penser que la maîtrise des sciences et des techniques, les productions de masse qui brisent le carcan de l'artisanat, aient un rapport quelconque avec la religion et les valeurs morales ? Qu'a-t-on à servir la religion ou l'ethnie à toutes les sauces ?

Il sera amusant, en tout cas, de voir la jubilation de la grande presse occidentale, lorsqu'à la longue crise économique du Japon qui éclate en 1990 s'ajoute en 1997 celle des tigres asiatiques (Corée, Thaïlande, Malaisie, Indonésie), dont on avait cru un peu trop vite qu'ils rejoignaient le cercle des élus de la prospérité. Les causes de la crise, dans les analyses de la presse occidentale, seraient le népotisme, la gabegie, la corruption, l'imprévoyance. Pour le Japon, ce serait un conservatisme féroce. Bref, le capitalisme asiatique n'est pas le vrai, le bon capitalisme anglo-saxon : les « tigres » et le Japon ont trompé leur monde, ils ne sont que des tigres « de papier », des caricatures outrageantes de l'« exceptionnalité » occidentale. Ils n'ont pas vraiment réalisé l'économie de marché. L'État y organise tout et, derrière l'État, le népotisme et la corruption. La sortie rapide de la crise, chez les principaux « tigres », fera cependant taire ces ricanements.

Renaissance, décadence : quelle est l'alchimie mystérieuse ? Il n'y a sûrement pas de formule magique, mais un monde dont la complexité ne peut se réduire à une équation à une inconnue. Est-ce des facteurs externes favorables, des combinaisons du hasard ? Est-ce des facteurs internes, des systèmes de valeurs innées qui font la supériorité des uns sur les autres ? Qui dit système de valeurs, dit religion, morale, éthique. Est-ce le climat, la culture, la religion, la philosophie, les grands hommes ? Les théories essentialistes, celles qui favorisent l'explication par la causalité unique, immanente et permanente, quelle qu'elle soit, débouchent immanquablement sur des formes de racisme, explicite et virulent, ou implicite et insidieux.

Peut-on échapper à l'essentialisme ? Peut-on échapper à la dichotomie toute-puissante entre Orient archaïque et Occident moderne ? Pour cela, il faut se mettre à l'écoute du discours compliqué que l'Occident tient sur lui-même et tenter de le décoder avec patience. Il faut se pencher sur la philosophie des Lumières, profondément en crise, qui a enchanté puis désenchanté l'Occident, mais aussi le monde saisi par la dynamique occidentale. Il faut tenter de remettre un peu de bons sens dans l'esprit systématique et classificatoire qui caractérise si bien la culture occidentale.

3

L'Occident : mission sacrée, monde désenchanté ?

La philosophie des Lumières a-t-elle désenchanté le monde ?

Comment se raconte, aujourd'hui, l'Occident, c'est-à-dire comment se perçoivent et se racontent, en l'instant historique que nous vivons, à la charnière de deux millénaires, la culture européenne et son extension américaine ? Nous avons jeté quelques brefs coups d'œil sur Hegel, Marx et Weber, anthropologues, historiens et philosophes de l'histoire, héritiers directs des « Lumières ». Ils ont succédé à Locke, Rousseau, Voltaire. Ils prolongent les Lumières qui ont fait sortir la culture européenne du carcan des dogmes de l'Église. À l'histoire sainte, celle que guide Dieu dans ses insondables desseins et à propos de laquelle Bossuet nous a légué un chef-d'œuvre littéraire peu commun [1], ils ont fait succéder l'histoire de la raison humaine.

---

1. BOSSUET, *Discours sur l'histoire universelle* (1681). On pourra lire les très belles pages que Paul HAZARD consacre à la déroute intellectuelle de Bossuet, dans

L'homme peut désormais organiser seul son bonheur : il conquiert son propre salut, domine la nature, augmente ses richesses et sa puissance sans qu'il ait besoin de Dieu ou de ceux qui se disent ses intercesseurs sur terre. L'histoire est désacralisée, le monde « désenchanté », selon l'expression reprise de l'omniprésente sociologie wébérienne [2]. Sans Dieu, sans une nature que Lui seul domine, sans mystères impénétrables dans l'existence humaine, le monde perd son caractère magique, enchanteur. Une partie de la philosophie occidentale prendra acte de cette « mort de Dieu » pour en tirer des conséquences diverses et souvent contradictoires, qu'illustre bien la pensée de Nietzsche.

Les théoriciens du désenchantement, approfondissant la problématique curieuse de Weber, tentent d'expliquer que le monothéisme serait une religion de la « sortie de la religion ». Ce phénomène, qui paraît relever de l'ordre mythologique plus que de l'ordre rationnel, est bien décrit par Marcel Gauchet, qui écrit : « De sorte que ce que nous avons coutume d'appeler "grandes religions" ou "religions universelles", loin d'incarner le perfectionnement quintessentiel du phénomène, représentent en réalité autant d'étapes de son relâchement et de sa dissolution — la plus grande et la plus universelle, la nôtre, la religion rationnelle du dieu unique, étant précisément celle au travers de laquelle a pu s'opérer la sortie de la religion. La perspective est à retourner. En matière religieuse, le progrès apparent est un déclin [3]. »

Il n'est pas sûr que de telles affirmations éclatantes et paradoxales ne soient pas au cœur du mythe que l'Occident tisse autour de lui pour affirmer sa différence, comme nous l'avons déjà évoqué. C'est à Weber aussi, dans son ouvrage *Le*

La Crise de la conscience européenne. 1680-1715, Le Livre de poche, Paris, 1961, p. 188-205.

2. Marcel GAUCHET, *Le Désenchantement du monde. Une histoire politique de la religion*, Gallimard, Paris, 1985. L'islam est totalement absent des analyses de Marcel Gauchet, comme nous le verrons plus loin.

3. *Ibid.*, p. XI.

Judaïsme antique (1905), que nous devons cette affirmation brutale et cette idée finalement paradoxale et contestable que le monothéisme représente un progrès fondamental de l'esprit humain par rapport aux raffinements des mythologies païennes grecque ou mésopotamienne. Par la suite, l'œuvre de Freud ne fera que confirmer cette vue, en particulier ses deux ouvrages célèbres, *Totem et Tabou* et *Moïse et le monothéisme*. Ainsi donc, Weber a installé le mythe que le judaïsme ancien serait à la base du désenchantement du monde, désenchantement parachevé par la rationalité « capitaliste » du calvinisme.

Les philosophes des Lumières et leurs successeurs directs ne se doutaient pas qu'on les accuserait un jour d'avoir « désenchanté » le monde. Ils pensaient pourtant l'avoir libéré de l'obscurantisme, lui avoir ouvert les portes de la raison et de la conquête du progrès perpétuel. N'est-ce pas cela le véritable enchantement de la modernité ? Celui qui va ouvrir l'ère des révolutions, de la fin des tyrans, de la suppression de la misère et de la faim. Les hommes enfin égaux dans un monde apprivoisé et policé. Le bonheur laïc, la cité des hommes en pleine possession de la raison en lieu et place de la cité de Dieu et de ses intercesseurs. Combien de millions d'hommes sont morts au nom des promesses de ce bonheur laïc, dont nous ne sommes pas sortis depuis qu'ont éclaté la Révolution française et les guerres en série qu'elle a déclenchées, y compris les guerres coloniales et la guerre froide [4] ?

La philosophie des Lumières a-t-elle vraiment désenchanté le monde ? Là encore, il n'y a pas de réponse simple, d'autant que la motivation de l'interrogation est hautement complexe.

---

4. Sur ce point, voir Georges CORM, *L'Europe et l'Orient. De la balkanisation à la libanisation. Histoire d'une modernité inaccomplie*, La Découverte, Paris, 1989. Cet ouvrage développe l'argument que la Révolution française ouvre une ère de guerres civiles d'abord européennes, puis étendues au tiers monde à travers la guerre froide qui est le prolongement des deux guerres dites mondiales (1914-1918 et 1939-1945), et en conséquence une phase ultime de cette guerre civile européenne dont on pourrait d'ailleurs faire remonter l'origine aux guerres de religion.

L'Occident, depuis la Renaissance européenne, se compare en effet aux autres civilisations. Il se regarde et se complaît au miroir de l'autre : les civilisations qui ne l'ont pas suivi, qui restent enfermées dans la cité de Dieu, le rythme des prières du muezzin, les castes compliquées et hiérarchiques de l'Inde qui trouvent leur source dans la religion, l'empereur du Japon qui est considéré comme divin.

L'individualisme est-il vraiment dans les gènes de l'Occident ?

Plus l'écart se creuse entre la richesse matérielle de l'Occident, ses progrès techniques fulgurants, et la stagnation des autres civilisations, plus la pensée anthropologique occidentale va pencher vers les théories essentialistes qui font de sa différence avec l'autre un fossé infranchissable. On a même l'impression que l'Occident, en se racontant, « sacralise » sa différence. L'Occident serait né égalitaire et individualiste parce que ses gènes culturels comporteraient les ferments de la pensée rationaliste.

Là où les premiers philosophes des Lumières avaient mis en avant la redécouverte des patrimoines païens grec et romain pour faire sauter les carcans de l'Église, les philosophes d'aujourd'hui, à la suite de Hegel puis de Chateaubriand, redécouvrent le « génie » du christianisme. Jésus aurait sauvé l'Occident par sa célèbre petite phrase : « Rendez à César ce qui est à César et à Dieu ce qui est à Dieu. » Il aurait ainsi ouvert la voie à la séparation du temporel et du spirituel, à l'autonomie de l'individu. Avant lui, le monothéisme juif, par la notion du dieu unique et les dix commandements donnés à Moïse, aurait ouvert la voie à l'État législateur moderne. L'exceptionnalité et la radicalité de la différence de l'Occident par rapport aux autres civilisations seraient à rechercher dans un « individualisme » remontant aux premiers chrétiens. L'enseignement du Christ aurait fait de la personne humaine la valeur sociale suprême, l'individualisme qui s'oppose au « holisme » des autres sociétés où la communauté et la hiérarchie sociale figée qui la structure constituent la valeur suprême.

S'appuyant sur la sociologie allemande, en particulier les travaux d'Ernst Troltsch sur le christianisme, l'essayiste anthropologue français bien connu Louis Dumont n'hésite pas à écrire : « Quelque chose de l'individualisme moderne est présent chez les premiers chrétiens et dans le monde qui les entoure, mais ce n'est pas exactement l'individualisme qui nous est familier. En réalité, l'ancienne forme et la nouvelle sont séparées par une transformation si radicale et si complexe qu'il n'a pas fallu moins de dix-sept siècles d'histoire chrétienne pour la parfaire, et peut-être même se poursuit-elle encore de nos jours. La religion a été le ferment cardinal d'abord dans la généralisation de la formule, et ensuite dans son évolution [5]. » Nous revenons ici à l'omniprésence de l'imaginaire religieux sur lequel se sont forgées la culture occidentale moderne et sa tradition anthropologique et sociologique. Tels sont les gènes du génie de l'Occident, aujourd'hui désenchanté, mais dont le désenchantement n'a été possible que parce que la fée qui a présidé à sa naissance a mis dans son berceau Moïse et Jésus et le siècle de Périclès en Grèce.

N'est-il pas un peu fou, l'Occident, lorsqu'il s'analyse et se raconte ? N'est-il pas en train de se fabriquer, et de fabriquer au monde qu'il domine de sa toute-puissance culturelle, une mythologie moderne ? Les illusions du très riche langage conceptuel anthropologique et sociologique que la culture occidentale a développé ne font-elles pas proliférer le « discours étrange et déconcertant des mythes », si bien analysé

---

5. Louis DUMONT, *Essais sur l'individualisme. Une perspective anthropologique sur l'idéologie moderne*, Seuil, Paris, 1983, p. 34.

par Marcel Detienne[6] ? Pour comprendre comment la rationalité occidentale supposée peut coexister avec l'esprit mythique, on rappellera les très belles pages consacrées par Georges Gusdorf au lien qui lie la métaphysique et le mythe dans la pensée moderne. « L'expulsion du mythe, écrit Gusdorf, n'est donc pas définitive. Suivant un dynamisme fréquent dans la vie mentale, et dont la psychanalyse offre d'abondants exemples, l'élément censuré revient comme une mauvaise conscience, avec d'autant plus d'insistance que l'on a mis d'énergie à la repousser. Les succès mêmes de la science ne peuvent pas faire illusion sur son incapacité à satisfaire pleinement l'exigence spirituelle de l'homme. Autrement dit, le schéma qui suppose un passage continu d'un état de pensée à un autre, selon la formule de Comte, ou un progrès des âges de l'intelligence, à la manière de Brunschvicg ou du scientisme du XIXe siècle, se heurte de la part du réel à une insurmontable résistance, ou plutôt à une fin de non-recevoir[7]. »

Comment, en effet, réussir à oublier, ou mieux faire oublier, aux Occidentaux les quinze siècles de toute-puissance de l'Église où la séparation du spirituel et du temporel n'existait que pour mieux affirmer la prééminence du premier sur le second ? N'est-ce pas au nom de la Bible qu'on a coupé la tête du roi d'Angleterre ? Napoléon n'a-t-il pas cru nécessaire pour préserver les conquêtes de la Révolution de rétablir la religion, de se faire sacrer empereur par le pape, de rétablir le pouvoir héréditaire et les hiérarchies ? L'essai d'instaurer une religion civile, laïque, sous la Révolution n'a-t-il pas été un échec lamentable[8] ? Des dizaines de milliers de Français ne sont-ils pas morts dans la guerre des Chouans

---

6. Voir Marcel DETIENNE, *L'Invention de la mythologie*, Gallimard, Paris, 1981. L'historien y déconstruit remarquablement la façon dont la culture moderne, en particulier les anthropologues, a analysé les mythes grecs.
7. Georges GUSDORF, *Mythe et Métaphysique*, Flammarion, Paris, 1984, p. 245.
8. On peut renvoyer ici aux très belles pages de Manuel de Diéguez dans *Essai sur l'universalité de la France*, op. cit., qui donne beaucoup de clés d'explications nouvelles sur les avatars intellectuels de la Révolution française.

L'Occident : mission sacrée, monde désenchanté ?

pour leur roi et pour l'éminente place de Dieu dans l'organisation de la société et de l'État ? Les royautés de droit divin n'ont-elles pas perduré jusqu'à l'aube du XXᵉ siècle et le droit religieux n'a-t-il pas régi la vie individuelle des citoyens en Italie, en Grèce, en Espagne jusqu'à la fin de ce même siècle ? Les souverains anglais ne sont-ils pas aujourd'hui les chefs de l'Église anglicane, Église officielle du royaume ? Que fait-on de la folie collective nazie, résurgence surréaliste d'esprit « magique » et « charismatique » chez le peuple le plus philosophe d'Europe, ces Allemands qui ont posé une grande partie du socle identitaire de la modernité occidentale ? C'est cette résurgence qui a accompagné la folie génocidaire antisémite, résurgence que l'on ne sait, ou que l'on ne peut encore expliquer, tant elle contredit l'image de rationalité et d'individualisme libérateur que l'Occident donne de lui-même [9].

Que dire donc de l'antisémitisme, du génocide perpétré par les nazis et du « culte de l'Holocauste » auquel il a récemment donné lieu, ainsi que toutes les controverses qu'il suscite [10] ? L'image du Juif, « errant » ou non, c'est la culture occidentale qui l'a créée, car il est historiquement faux de dire que l'antisémitisme a été de tous les temps et de tous les lieux. C'est le refus du pluralisme et de l'individualisme, l'amour

---

9. C'est pour cela, à notre sens, qu'ont éclaté des querelles savantes sur la nature du nazisme et la folie antisémite et sur ses causes, querelles qui ont déchiré le monde académique et médiatique au cours des dernières années, sans qu'il y ait un accord sur la responsabilité à attribuer à tel ou tel facteur, en particulier la responsabilité collective de tous les Allemands. On rappellera la polémique provoquée par l'ouvrage de Daniel J. GOLDHAGEN, *Hitler's Willing Executioners. Ordinary Germans and the Holocaust*, Knopf, New York, 1996 (traduction française : *Les Bourreaux volontaires de Hitler. Les Allemands ordinaires et l'Holocauste*, Seuil, Paris, 1997).

10. On pense en particulier à l'ouvrage de Norman FINKELSTEIN, *The Holocaust Industry. Reflections on the Exploitation of Jewish Suffering*, Verso, Londres, 2000 (traduction française : *L'Industrie de l'Holocauste. Réflexions sur l'exploitation de la souffrance des Juifs*, La Fabrique, Paris, 2001) ; on pourra aussi se reporter aux pages consacrées à cet ouvrage par *Le Monde* du 16 février 2001, qui le qualifie de « pamphlet ».

du collectif, du fusionnel, de la grande « fraternité » dans le Christ, qui a amené à l'exclusion de ceux qui ne reconnaissaient pas le Messie, à leur persécution dans les temps de trouble et de guerre. L'exclusion, par ailleurs, arrangeait les ritualistes parmi les juifs, pour qui le monde des « gentils » est impur, contribuant ainsi à forger la mentalité de ghetto. La Révolution française a « émancipé » les juifs, terme affreux, mais qui désigne leur intégration dans la nouvelle fraternité citoyenne. Certains d'entre eux y ont vu le danger de l'assimilation et de la perte d'identité. Depuis, le judaïsme a lui aussi été déchiré par des courants contradictoires entre l'ouverture à la modernité et la fermeture particulariste. La création de l'État d'Israël, bébé éprouvette du XXe siècle, ne va guère simplifier la réflexion sur le « destin » juif[11]. Dans cette création, l'Occident désenchanté va s'investir totalement. Peut-on être laïc et républicain et appuyer sans réserve la création de toutes pièces d'un État réclamant ses titres de propriété d'un texte religieux ? Et la justification morale de son existence de souffrances infligées par un autre peuple (les Allemands) sur un autre territoire que celui confisqué à un peuple (les Palestiniens) n'ayant rien eu à voir avec l'histoire des persécutions juives en Europe ? Un autre dossier au procès de la rationalité occidentale sur lequel nous reviendrons.

Nos nouveaux philosophes, anciens marxistes reconvertis et recyclés pour la plupart dans la surenchère néo-libérale, facilitent d'ailleurs la tâche de l'accusation dans ce procès. Comme si la philosophie des Lumières leur brûlait les doigts. Le scepticisme, le relativisme, la tolérance, en même temps que la foi dans la capacité de progrès, les gênent. Ils veulent un monde binaire, opposant l'empire du bien où Dieu et la Bible sont réintégrés, à l'empire du mal, celui de la barbarie. Le

---

11. Voir Alain Dieckhof, *L'Invention d'une nation. Israël et la modernité politique*, Gallimard, Paris, 1993.

communisme est maudit, vomi, assimilé au nazisme [12]. C'est pourquoi la philosophie des Lumières dérange, car le communisme est une utopie qui en est issue. Ses grands théoriciens sont des Français et des Allemands, historiens et philosophes de qualité au cœur de la modernité dont l'Occident se considère comme le fondateur et le gardien. Le communisme, c'est aussi du collectif, une communauté, une fraternité ; il est donc inconciliable avec cette nouvelle croyance que la supériorité de l'Occident vient de l'individualisme inscrit dans ses gènes.

La valeur et les mérites de la Révolution française sont eux aussi revus à la baisse par une nouvelle génération d'historiens, désintoxiqués du marxisme et de sa vision de l'histoire. Un ouvrage récent analyse ainsi l'idée du progrès dans la philosophie des Lumières et y voit les germes de tous les totalitarismes modernes [13]. Il est vrai que la croyance fanatique dans un système social et sa capacité de progrès entraîne les pires excès, dont certains épisodes de la Révolution française (en particulier la Terreur) ont donné le modèle. Mais la violence archaïque, traditionnelle, celle des guerres de religion, de la conquête par cupidité crue, comme celle des hordes mongoles ou celle des Amériques, est-elle plus acceptable ?

Narcissisme et mythologisation dans le discours de l'Occident

En fait, c'est le discours de l'Occident sur lui-même qui devient intenable depuis deux à trois décennies. Narcissisme et mythologisation y dominent souverainement. En dépit de toutes les évidences contraires, l'Occident tente de montrer son caractère génétiquement raisonnable, démocrate,

---

12. On se rappellera les controverses suscitées par l'ouvrage de Stéphane COURTOIS et *alii*, *Le Livre noir du communisme*, Robert Laffont, Paris, 1997.
13. Frédéric ROUVILLOIS, *L'Invention du progrès. Aux origines de la pensée totalitaire (1680-1730)*, Kimé, Paris, 1996.

respectueux de l'autonomie de l'individu, qui ferait son essence. Tout le reste ne serait qu'accidents de parcours, des verrues ou des chancres dont il parvient à se débarrasser. Le dernier en date est le communisme. L'Occident ainsi se sacralise : il est la raison, il est Dieu, même s'il en est désenchanté. Il peut et il doit donner des leçons au monde.

Il est désenchanté, mais fête le retour de Dieu. Les États-Unis qui le dirigent aujourd'hui sans conteste sont une nation de croyants. « In God we trust », proclame chaque dollar américain qui circule de par le monde. Le nationalisme américain plonge ses racines dans le protestantisme et donc l'Ancien Testament : la conquête de l'Amérique du Nord n'est qu'une répétition de la conquête de la Terre sainte par les Hébreux ; les Indiens que l'on pourchasse et réduit ne sont pas mieux que les Philistins ou les Cananéens de la Bible. Une spécialiste du nationalisme américain, Élise Marienstras, décrit fort bien l'importance capitale du schéma biblique dans la formation de la société et du nationalisme américains : « Allant au-delà du modèle fourni par le philosophe [Rousseau], la religion civile américaine ressuscite le peuple hébreu comme en ses premiers temps. Elle célèbre la réincarnation de Moïse et de Josué, la réincarnation du Décalogue, la nouvelle conquête de Canaan. Des libéraux, comme le pasteur Abiel Abbot qui deviendra unitarien, évoquent, en termes mesurés, le rapprochement que font leurs contemporains entre Israël et les États-Unis : "Notre Israël américain" est un terme d'usage fréquent ; et on le juge généralement juste et pertinent. Avec la consolidation de l'État-nation, la coïncidence entre l'histoire des anciens colons et celle du premier "peuple élu" vient tout naturellement se joindre aux autres mythes des origines. En 1805, Thomas Jefferson commencera son deuxième mandat par une invocation au Dieu d'Israël [14]. »

---

14. Élise MARIENSTRAS, *Nous, le peuple. Les origines du nationalisme américain*, Gallimard, Paris, 1988, chapitre XX, « Une nation par la foi : citoyenneté,

On ne s'étonnera donc pas que les États modernes à base religieuse aient été les plus fidèles alliés des États-Unis dans la lutte contre le communisme et les nationalismes laïcs du tiers monde : Israël, l'Arabie saoudite, le Pakistan et même l'Iran de l'imam Khomeyni qui, tout en étant antiaméricain, vomit le communisme et le nationalisme laïc[15]. Parallèlement, la culture de l'Holocauste a contribué à renforcer le rôle du judaïsme comme facteur important dans les relations internationales, ce que la création d'un Foyer national juif en Palestine au début du XXe siècle avait déjà initié. La dernière phase de la guerre froide qui a permis la victoire s'est ainsi déroulée avec une mobilisation maximale de Dieu, celui des catholiques en Europe, celui de l'islam dans le tiers monde, et en arrière-fond l'étendard de l'Ancien Testament où s'inscrit si bien la résurrection « miraculeuse » d'Israël.

Quelle est donc la rationalité de cet Occident qui se dit « désenchanté », mais écrase le monde de ses dynamiques folles, de ses guerres, de ses retournements philosophiques ? Le monde est en effet écrasé des écrits, des discours, des images médiatiques que l'Occident déverse sur lui avec une assurance si insolente. Comme l'écrit Sophie Bessis : « Je n'ai jamais cessé, de fait, d'être frappée par la tranquille certitude avec laquelle la plupart des Occidentaux — je reviendrai sur ce terme — affirment la légitimité de leur suprématie.

---

religion civique et nationalisme », p. 379-400 (citation p. 394). L'auteur ajoute : « Le legs biblique, transmis par les puritains, n'est pas étranger aux citoyens, quelles que soient leurs convictions religieuses. La tradition millénariste qui en est issue fait, par la voix des chantres de la nation, résonner à nouveau les prophéties apocalyptiques de Daniel et la prédiction de saint Jean. Elle est tendue vers l'avènement du royaume du Christ et elle célèbre, dans l'indépendance de l'Amérique, l'événement advenu. Elle annonce l'ultime combat de l'Armaggedon avant l'apothéose finale et elle décrit la marche harmonieuse et perpétuelle de l'humanité vers la gloire et la paix. Elle promet le royaume de Dieu, l'accomplissement du bonheur dans l'autre monde et elle les incarne ici-bas dans la prospérité américaine » (p. 395).

15. Rappelons que le Pakistan (littéralement : État des « purs ») a été créé par sécession des musulmans indiens et comme un État à base religieuse (voir plus loin, p. 135).

Cette certitude se donne à voir dans les actes les plus anodins, dans leurs attitudes les plus banales. Elle structure la parole publique, le magistère intellectuel et les messages des médias. Elle loge au plus profond de la conscience des individus et des groupes. Elle semble à ce point constitutive de l'identité collective qu'on peut parler à son propos d'une véritable culture de la suprématie, constituant le socle de cette entité qu'on appelle aujourd'hui Occident, sur lequel continuent de se construire ses rapports avec l'autre [16]. » Qui peut suivre l'Occident dans cette vitalité hors pair, intellectuelle, militaire, technique, scientifique ? Qui peut s'y retrouver dans ses discours divers et contradictoires d'une décennie à l'autre, dans ces dizaines de milliers d'ouvrages en sciences humaines, en histoire, en philosophie, en anthropologie, qui font et défont des modes intellectuelles de plus en plus éphémères [17] ?

L'Occident, on l'a dit, a d'ailleurs souvent peur de sa propre puissance. N'est-il pas au bord de la décadence ? Les barbares ne vont-ils pas l'assiéger de partout, en particulier grâce à l'arme d'une démographie forte alors que celle de l'Occident est en déclin [18] ? La tragédie de l'Empire romain ne va-t-elle pas se répéter ? Il doit donc montrer toujours qu'il est le plus fort : guerre du Golfe, guerre d'Afghanistan, on ramène à la raison ceux qui ne comprennent pas ou vous défient. Le spectacle aujourd'hui est celui d'un Occident napoléonien. Le meilleur et le pire, le basculement entre le désenchantement et l'énergie d'un feu sacré. L'Occident forteresse, dédale intellectuel redoutable. On peut y entrer, mais

---

16. Sophie BESSIS, *L'Occident et les autres. Histoire d'une suprématie*, op. cit., p. 7.

17. Que nous reste-t-il par exemple aujourd'hui du structuralisme qui, il y a trois décennies à peine, dominait toute la gamme des sciences humaines ?

18. Il s'agit là d'un thème très à la mode depuis la fin de la guerre froide et le renouv au de convulsions auquel elle a donné lieu en Afrique, au Proche-Orient, dans les Balkans. Il a été inauguré par le livre de Pascal BRUCKNER, *Le Sanglot de l'homme blanc*, Seuil, Paris, 1983.

peut-on en sortir, peut-on s'y orienter ? Car l'Occident, comme Rome, est hospitalier, il accueille en son sein tous les barbares, fait de cette hospitalité sa force. Sociétés multiculturelles ou sociétés nationales : un autre redoutable débat fait rage en Occident même. Modèle américain contre modèle européen, lui-même en pleine évolution.

L'occidentalisation du monde : la puissance et le sacré

La puissance porte en elle les germes du sacré. Et cela parce qu'elle ne s'explique pas vraiment. Elle garde une alchimie mystérieuse qui prend toujours des aspects sacrés. La puissance de l'Occident en fait donc un monde sacré. L'attentat du 11 septembre a ainsi été perçu comme un sacrilège contre la « suprématie », la toute-puissance, comme une volonté mauvaise, diabolique de désacralisation. L'Occident n'est pas une idole, un veau d'or que l'on peut profaner impunément. D'où l'extrême violence des réactions américaines, celle du « Dieu en colère » qui doit châtier les impies. Les victimes des attentats du 11 septembre ont d'ailleurs bénéficié d'un traitement commémoratif spécial qui tranche avec l'indifférence dans laquelle d'autres victimes d'accidents ou de violences guerrières diverses sont évoquées aux bulletins d'informations. Comme s'il s'agissait d'une catégorie spéciale et différente d'humanité.

Si l'Occident est « désenchanté » parce que la pratique religieuse y régresse, il ne se prive pas pour autant de se donner des missions civilisatrices sacrées sur le mode biblique : l'élection, le salut, la guerre totale pour assurer son règne. Ses idéologies laïques qui se meurent aujourd'hui, le nationalisme et le communisme, voire le rêve d'une république citoyenne idéale, ont eu la force et la violence des grandes aventures religieuses du monothéisme, dont les archétypes, qu'ils soient juif, chrétien ou musulman, se trouvent dans l'Ancien Testament. Faire le salut de l'humanité : la raison a bien pu se laïciser, elle a continué de fonctionner en Occident sur le mode du sacré monothéiste [19]. Le salut de l'humanité non par le dessein de Dieu, mais par la raison et par l'organisation sociale.

But sacré, moyens laïcs : est-ce possible ? On n'en a pas l'impression à voir le désordre du monde sous la domination de l'Occident. Parlant de la rationalité qui serait l'« index » de l'histoire de l'Occident, Serge Moscovici écrit : « Voilà la puissance [celle de l'Occident] investie des mêmes sentiments de vénération et de crainte qu'inspire le sacré [20]. » Non moins clairvoyant, Emil Cioran, dans une très belle préface à une édition de la pièce de Voltaire *Mahomet*, n'hésite pas lui aussi à décrire cette folie des faux « Absolus » : « Idolâtres par instinct, nous convertissons en inconditionné les objets de nos songes et de nos intérêts. L'histoire n'est qu'un défilé de faux Absolus, une succession de temples élevés à des prétextes, un avilissement de l'esprit devant l'Improbable. Lors même qu'il s'éloigne de la religion, l'homme y demeure assujetti ; s'épuisant à forger des simulacres de dieux, il les adopte ensuite fiévreusement : son besoin de fiction, de mythologie, triomphe de l'évidence et du ridicule [21]. »

Car il ne faut pas s'y tromper, le désordre du monde reflète aussi celui de l'Occident tout-puissant et de ses contradictions. Aucune région, aucun pays, aucune société qui n'ait été

---

19. C'est l'excellent Manuel de Diéguez qui exprime le mieux la transposition de l'image de Dieu sur le « concept-roi » qui envahit l'univers mental : « La dégénérescence de la pensée dans un conceptualisme mythique enfante une dialectique redoutable des idées enivrées de l'utopie », écrit cet auteur ; pour lui, « la théologie hégélienne de la panspermie de l'Idée et de la désincarnation de l'"esprit" demeure une glose platonico-chrétienne qui ne pouvait que conduire à la divinisation des grands traîneurs de sabre et des fainéantistes de curie ; et élever les Alexandre et les Napoléon au rang d'agents d'exécution de Dieu sur la terre aux côtés des gratte-papier » (Manuel DE DIÉGUEZ, *Essai sur l'universalité de la France*, op. cit., p. 115).
20. Serge MOSCOVICI, *La Machine à faire des dieux*, op. cit., p. 415.
21. Emil CIORAN, préface à *Mahomet ou le fanatisme*, Le Temps singulier, Nantes, 1979, p. 9 ; sur cette pièce de Voltaire, voir ci-dessous, chapitre 4.

touchés par les rayons de la pensée occidentale au cours des XIXᵉ et XXᵉ siècles. Aucune élite pensante dans le monde qui ne connaisse pas des bribes de philosophie des Lumières, qui n'ait lu les grands textes fondateurs de l'indépendance américaine ou de la Révolution française, ou la vulgate marxiste. Aujourd'hui, plus que jamais, une grande partie des élites non occidentales passe par les universités américaines ou européennes, y décroche ses galons intellectuels.

Les idéologies occidentales sont donc partout, apparentes ou cachées, elles structurent et déstructurent les sociétés, au gré des modes intellectuelles de l'Occident et de ses interventions directement politiques ou militaires : laïques furent les idéologies du tiers monde, lorsque la laïcité a été à la mode, religieuses lorsque pour l'Occident a sonné l'heure de faire donner la cavalerie de Dieu, rabbins, papes et évêques, cheikhs, mollahs et ayatollahs, pour abattre définitivement le communisme. Les Iraniens inventeront même une « république islamique » ainsi qu'un « parti de Dieu », le Hezbollah, mariant de la sorte inconsciemment les « lumières » laïques et la notion moderne de parti avec l'« archaïsme » religieux.

Même dans l'hostilité à l'Occident, on utilise ses armes, qu'il s'agisse du nationalisme à la française ou à l'allemande, et du droit des peuples à disposer d'eux-mêmes, de l'absolutisme de l'État sur le mode hégélien, du marxisme, de l'anti-impérialisme et de l'antisémitisme, enfin de la « revanche de Dieu » et du retour au religieux. Notons ici que l'antisémitisme moderne, qui n'est plus l'hostilité dépréciative à base de querelle théologique, telle qu'elle a existé surtout dans le monde chrétien mais qui est devenu un racisme meurtrier — voire génocidaire sous le nazisme —, est une importation récente dans le monde musulman. Il est dû à l'exportation en Orient de la littérature antisémite européenne, en particulier le fameux *Protocole des sages de Sion*, opuscule de propagande antisémite russe de la fin du XIXᵉ siècle. Cette importation a été stimulée par la création de l'État d'Israël et le traumatisme qu'elle a causé dans les pays arabes et musulmans.

En réalité, le monde est « occidentalisé » aussi bien par les modes de vie que par la façon de se penser et de se mettre en scène, que les pancartes idéologiques soient religieuses, ethniques, régionalistes. Ce sont les modes de l'Occident qui donnent le ton. CNN, la fameuse chaîne d'information américaine, domine le monde, car elle est imitée partout dans ses techniques et sa façon de mettre en scène l'« actualité » et les débats, authentiques ou artificiels, qu'elle organise autour d'elle. Ce ne sont pas seulement les techniques de l'Occident qui ont pénétré partout, c'est aussi une façon d'être, de voir et de percevoir, de faire de l'information-propagande.

Aussi, prétendre qu'il existe encore une ligne de fracture entre l'Orient et l'Occident renvoie moins à la réalité qu'aux grandes mises en scène identitaires que l'évolution de la culture occidentale a favorisées au cours des deux derniers siècles [22]. L'évolution fulgurante des techniques de communication et l'augmentation colossale des flux de migrants et de voyageurs facilitent cette occidentalisation, même lorsqu'elle est apparemment refusée par des mises en scène identitaires anti-occidentales. La ligne de fracture, nous l'avons vu, est un reflet dans l'imaginaire des intérêts profanes de puissance et des jeux de la géopolitique internationale. Elle est aussi mouvante que les changements qui surviennent dans ces intérêts au gré des circonstances et des évolutions. Elle est surtout la ligne mythologique que l'Occident a érigée pour affirmer, à travers l'opposition entre Aryens et Sémites, la supériorité de sa généalogie sur celle des autres peuples, des autres cultures, des autres civilisations.

---

22. C'est la notion de l'identité comme produit de consommation culturelle et comme mise en scène qui m'a amené à employer l'expression de « mise en scène identitaire » ; voir à ce sujet Manuel DELGADO RUIZ, « Dynamiques identitaires et espaces publics », *Revista CIDOB d'Afers Internationales*, n° 43-44, décembre 1998-janvier 1999, Fundacio CIDOB, Saragosse.

L'Occident : mission sacrée, monde désenchanté ?

Quelle machine infernale, cet Occident ! Il se critique, se déchire par des guerres en son sein, connaît mille mutations, se voit en décadence, mais rebondit chaque fois plus puissant que jamais, malaxant le monde au gré de ses humeurs et de ce qu'il croit être ses intérêts stratégiques. Les marxistes avaient longtemps cru que le monde capitaliste industrialisé allait sombrer sous ses propres contradictions, permettant à l'humanité une nouvelle étape dans la libération de l'homme et son ascension vers le bonheur universel. Aujourd'hui, la pensée marxiste a disparu, presque sans laisser de traces. L'enchantement du monde, comme nous le verrons au chapitre 7, c'est le capitalisme qui se répand avec la même furie sacrée que le socialisme d'autrefois. Réussira-t-il ou laissera-t-il le monde toujours perplexe, fluctuant entre une laïcité dépréciée et les furies des guerres imaginaires de civilisation entre l'Orient supposé mystique et l'Occident supposé matérialiste ? Avant d'en parler, il nous faut continuer d'expliquer la fascination que l'identitaire, religieux, ethnique ou civilisationnel, exerce plus que jamais sur les affaires du monde.

4

La fascination moderne de l'identitaire

Les romantiques et l'Orient :
l'Orient mystique, l'Occident matérialiste ?

La fascination de l'identitaire qui connaît un regain de vigueur à la fin du XXᵉ siècle trouve ses racines dans divers courants de pensée occidentale que nous avons évoqués. Elle a presque toujours été liée à la conquête du monde par l'Occident et à l'évolution de ses conceptions sur ses intérêts stratégiques et géopolitiques. Ceux qui connaissent bien la littérature sur la « question d'Orient » du XIXᵉ et du début du XXᵉ siècle, qui englobait la description des Balkans et du Proche-Orient turc et arabe, savent que les jugements de valeur de la culture européenne sur les peuples, les communautés religieuses, les « minorités » ethniques de cette région du monde étaient dépendants des politiques de puissance et de conquête de l'Europe. Préjugés anthropologiques et mobilisations d'opinions autour de dynamiques de puissance de type colonial étaient étroitement liés ; mais les clichés identitaires avaient aussi des fonctions proprement internes à l'évolution des sociétés européennes, que nous analyserons plus loin.

C'était d'ailleurs une époque où la culture et les passions géopolitiques américaines étaient absentes de la plupart des régions du monde. Les États-Unis étaient perçus hors d'Europe, en particulier en Orient, comme une puissance désintéressée, animée seulement par le désir de respecter l'aspiration des peuples au bonheur et à l'indépendance, comme l'avaient affirmé les quatorze points du président Wilson à la Conférence de paix de Paris, après la Première Guerre mondiale. Aujourd'hui, ce n'est évidemment plus le cas et le regain de vigueur du cliché identitaire que nous connaissons depuis les années soixante-dix non seulement s'abreuve à de vieilles traditions européennes, mais est considérablement amplifié, comme nous le verrons, par les passions américaines.

Rien ne « fonctionne » mieux d'ailleurs dans les psychologies occidentales que ce vieux cliché romantique increvable, mis à la mode de la fin du XXe siècle et que le 11 septembre cristallise si bien : le grand Malraux l'avait dit, le XXIe siècle sera « religieux ». La laïcité affaiblie et affadie, comment ce dernier des romantiques n'aurait-il pas annoncé un peu avant l'heure la revanche de Dieu ? C'est en effet une grande tradition des romantiques du XIXe siècle que de dénigrer les progrès européens, la montée de l'individualisme, le monde de la technique et de l'organisation, pour aller rêver de paysages archaïques en Orient, où l'on retrouverait partout l'odeur et les traces de Dieu[1]. Chateaubriand, Lord Byron,

---

1. Lire à ce propos la très belle introduction à une anthologie des voyageurs français en Orient de Jean-Claude BERCHET, *Le Voyage en Orient. Anthologie des voyageurs français dans le Levant du XIXe siècle*, Robert Laffont, coll. « Bouquins », Paris, 1977 ; ainsi que Denise BRAHIMI, *Arabes des Lumières et Bédouins romantiques*, Le Sycomore, Paris, 1982, et Claudine GROSSIR, *L'Islam des romantiques*, 2 vol., Maisonneuve et Larose, Paris, 1984 ; sans oublier le très bel ouvrage de Thierry HENTSCH, *L'Orient imaginaire. La vision politique occidentale de l'Est méditerranéen*, Minuit, Paris, 1988. Il faut aussi mentionner le remarquable travail d'Edward SAÏD, *Culture et Impérialisme, op. cit.*. Pour une analyse plus exhaustive

La fascination moderne de l'identitaire

Gérard de Nerval, pour ne citer qu'eux, ont tous été chercher leur inspiration en Orient, celui de la Grèce antique, mais aussi en Terre sainte et ses environs, le Liban, la Palestine, la Syrie, sans parler de l'Égypte pharaonique où tout n'est que religieux. Sur les traces de Moïse, du Christ, de Mahomet, tout en Orient rappelle aux grands poètes européens la place perdue de Dieu dans leur civilisation, la fin du patriarcat, des tribus, de la prière qui scande des jours innocents. L'image d'une Europe qui a perdu son âme dans la course au progrès matériel va ainsi commencer à se cristalliser. L'idéalisation de l'Orient, de sa mystique, de son sens de l'honneur, de son mépris supposé des valeurs matérielles, va se mettre en place.

Comme toujours dans les contradictions que secrète la pensée européenne, cette idéalisation poétique coexiste alors fort bien avec la furie dépréciative des mœurs orientales, de la fourberie et la duplicité des Orientaux, de la supériorité innée de l'Occident rationaliste. Cette furie, on l'a vu, s'alimente aux théories sur les races dérivées des études linguistiques ou du darwinisme, aux charges de Renan sur la lourdeur d'esprit sémite incarnée par l'islam. Avant lui, un autre grand esprit, Voltaire, avait écrit un pamphlet lui aussi vitriolique contre Mahomet, le prophète de l'islam, l'Antéchrist, texte qui ne fait pas honneur à ce grand écrivain, ni à son système de pensée[2]. La culture européenne dit ainsi simultanément, avec une aisance peu commune, une chose et son contraire. Nous l'avons déjà évoqué : ses plus grands penseurs vous emmènent sur des sommets du savoir et de la réflexion, pour vous faire brusquement tomber dans le stéréotype le plus vulgaire.

En dépit de sa débilité insondable, le double cliché du matérialisme de l'Occident et de la spiritualité de l'Orient

---

des différents types d'écrits occidentaux sur l'Orient, on se rapportera à notre *Proche-Orient éclaté*, *op. cit.*
2. VOLTAIRE, *Mahomet ou le fanatisme*, *op. cit.* Cette pièce de théâtre de Voltaire, qui se veut symbolique, n'en charge pas moins l'islam de tous les fanatismes.

poursuit jusqu'à aujourd'hui une carrière éclatante. C'est que les intellectuels orientaux, qui l'ont appris des bons auteurs européens, en ont eux aussi fait un usage immodéré pour tenter d'échapper à l'infériorité qu'ils ressentent devant la supériorité de l'Europe qui colonise l'Orient, de l'Occident qui domine la planète. Leurs discours répètent inlassablement que l'Orient est la terre de la pureté originelle, que ses enfants sont les héritiers des grands prophètes à qui l'Occident doit tout, qu'il conserve le flambeau de Dieu dont l'Occident « barbare » s'est éloigné en se vautrant dans l'amour des biens matériels, en rabaissant le statut de la religion dans ses sociétés, en abandonnant les codes d'honneur familiaux incarnés dans le statut bridé de la femme, d'abord épouse et mère, et dans l'autorité du chef de famille, le « patriarche ».

Pour eux, l'Orient est le monde de la lumière et de la foi, l'Occident celui des ténèbres et de l'incroyance. Ses philosophes athées lui ont fait perdre son âme, en particulier par cette laïcité, machine de guerre contre Dieu, qui prétend séparer la terre du ciel, le temporel du spirituel. L'Occident peut bien se vautrer dans la puissance et la luxure, l'Orient restera le seul gardien du Temple et l'Occident ne tuera pas son âme. C'est pourquoi le refus de la laïcité a pris dans la littérature de type islamique moderne une connotation hystérique particulièrement aiguë, qui n'existait pas chez les premiers réformateurs musulmans du début du XIXe siècle, lesquels vantaient les bienfaits de la démocratie et de la citoyenneté moderne, qu'ils découvraient lors de leurs voyages en Europe, en particulier en France. Aujourd'hui, la laïcité, partie intégrante de toute démocratie, est perçue par les propagandistes islamisants comme une machine de guerre de l'Occident, un « complot judéo-chrétien » contre l'islam [3].

---

3. Voir sur ce point Georges CORM, *Le Proche-Orient éclaté, op. cit.*, chapitres 3 et 20.

Oui, vraiment, les névroses intellectuelles n'ont plus de limites, car ces images folles n'ont rien à voir avec la réalité. La cupidité est de tous les temps et de tous les lieux. L'Occident n'est pas plus matérialiste ou avide de richesse que n'importe quel système impérial. La richesse a toujours et partout fasciné, pour elle on s'est battu, on a conquis, pillé, exploité. Les Orientaux n'ont aucun monopole de l'austérité et de la pureté — les contes des Mille et Une Nuits sont là pour le prouver, mais aussi les richesses insolentes des grands empires orientaux, y compris l'Empire ottoman, le dernier en date. Et que dire aujourd'hui de l'incroyable richesse que le pétrole a amenée dans de nombreux pays arabes, richesse scandaleusement accaparée par les familles régnantes royales ou républicaines et leurs clientèles d'agioteurs ? Richesse gaspillée ou investie en Occident dans des modes de vie outrageants (dont l'« islamisme » et les financements charitables de type islamique ne sont qu'une feuille de vigne), cachant mal des mœurs totalement désaxées par ces niveaux de richesse rentière soudaine après des siècles de pauvreté et de dénuement.

En revanche, si un continent fut pieux et religieux, ce fut bien l'Europe, touchée par la grâce du christianisme. Monastères, églises, abbayes, couvents tissent une toile dense dans tous les paysages ruraux ou urbains de l'Europe, qui est au moins l'équivalent, voire le précurseur, du réseau dense des mosquées propre aux paysages urbains des villes de l'Orient musulman (les campagnes de cette région du monde n'ayant jamais connu la grande piété rurale de l'Europe, qui a perduré jusqu'au début du XXe siècle). La mystique et le renoncement aux biens et jouissances de ce monde ont profondément marqué le christianisme d'Orient et d'Occident : saint François d'Assise, mais aussi le christianisme social du XIXe siècle ou le mouvement des prêtres ouvriers et la théologie de la libération en Amérique latine au XXe siècle, sont là pour contredire totalement l'image d'un Occident matérialiste et athée. Aujourd'hui, des ONG comme le CCFD

(Comité catholique contre la faim et pour le développement) ou le Conseil œcuménique des Églises ont pris le relais des anciennes formes de générosité et de solidarité organisées par la société civile. Les sommes en jeu aux États-Unis, comme en Europe, sont considérables. Par ailleurs, peut-on ignorer que s'il est encore aujourd'hui de grands théologiens qui pensent Dieu et le monde, c'est bien dans la culture européenne chrétienne ?

Plus paradoxal encore, nous le verrons au chapitre 6, l'islam n'a connu qu'un pouvoir civil : il n'y a jamais eu de pouvoirs religieux et d'institutions de type ecclésiastique indépendants du pouvoir civil. Le régime iranien où les religieux contrôlent le pouvoir civil est une innovation complète que nous analyserons plus loin, due à l'occidentalisation de l'Iran. Même l'Arabie saoudite, où la pratique dominante de l'islam se rapprocherait le plus d'une théocratie, est gouvernée par une famille civile qui n'a jamais exercé de fonctions religieuses. Au Pakistan et au Soudan, ce sont des militaires qui ont imposé de façon dictatoriale l'application rigoriste du corpus de jurisprudences inspiré du Coran.

Le discours sur la prétendue spiritualité de l'Orient ne doit pas cacher sa décadence crasse, ses chefs pusillanimes, son hypocrisie religieuse, la corruption profonde, matérielle et politique, de ses régimes politiques, leur immobilisme étonnant. En Occident, si ce discours traduit le désenchantement, il n'est guère un remède efficace. Bien au contraire, il brouille les pistes, d'autant qu'il coexiste avec un autre discours, d'une inspiration différente : c'est celui qui, inspiré par les excès de la société de consommation et de gaspillage, prêche aux pays en développement de se méfier du « développement », produit exclusivement occidental qui ne conviendrait pas aux autres régions du monde [4]. L'industrialisation, la

---

4. C'est un peu le message des différents ouvrages de Serge LATOUCHE sur la critique du mode de développement occidental, dont *L'Occidentalisation du monde*, La Découverte, Paris, 1989. Voir aussi Gilbert RIST, *Le Développement. Histoire*

La fascination moderne de l'identitaire

sécurité de l'emploi et l'allocation chômage ou le RMI pour les plus démunis, bref tout ce qui fait l'attrait du développement à l'occidentale, tout cela ne serait pas pour le tiers monde. Dans la confusion intellectuelle qui règne, on est tenté de tout mêler : le « désenchantement du monde » et la perte de spiritualité, la critique du modèle développementaliste appliqué au tiers monde ou encore les attaques contre la globalisation, que nous évoquerons au chapitre 7.

Mais le malaise occidental qu'Herbert Marcuse avait déjà diagnostiqué dans *L'Homme unidimensionnel*[5], que Marcel Gauchet entretient en prolongeant et amplifiant la vision wébérienne du « désenchantement », est-il si profond, si grand, si immense qu'il implique une telle nostalgie de spiritualité ? Il est vrai que, depuis les années soixante-dix, l'islam fascine et convertit, qu'on a vu se multiplier les conversions au bouddhisme, bien plus nombreuses que celle à l'islam mais discrètes et moins médiatiques. N'a-t-on pas vu aussi proliférer de façon inquiétante les sectes pseudo-religieuses, pratiquant dans des cas extrêmes les suicides collectifs ? A-t-on oublié la conversion à l'islam de Roger Garaudy, ancien membre du Parti communiste français ? Et on découvre aujourd'hui avec horreur que de jeunes Occidentaux, français, américains, australiens, se sont battus avec les Talibans. S'agit-il ici seulement de besoins de déviance et de marginalité, comme il en existe dans toute société, ou bien se trouve-t-on confronté aux différents symptômes de la persistance de la mentalité religieuse, consciente ou inconsciente, dans la psychologie occidentale ? Si tel était le cas, il est normal que l'effondrement du marxisme et le recul de la laïcité instaurée par la philosophie des Lumières ramènent sur le devant de la scène médiatique une fascination et une valorisation des phénomènes identitaires.

---

d'une croyance occidentale, Presses de la Fondation nationale des sciences politiques, Paris, 1996.
5. Herbert MARCUSE, *L'Homme unidimensionnel*, Minuit, Paris, 1968.

85

La célébration des terroirs perdus

Depuis le début des années soixante-dix, la religion est assurément devenue un thème porteur dans la culture occidentale et dans tous les médias. Non point la religion comme spiritualité ou recherche de transcendance, comme éthique ou morale, mais plutôt la religion comme ethnisme primaire à travers le retour aux ritualismes formels et ostentatoires, surtout dans le judaïsme et l'islam (mais les déplacements spectaculaires et très médiatisés de l'infatigable Jean-Paul II, le pape polonais militant, ont également joué un rôle non négligeable dans le « retour du religieux »). Ces ritualismes deviennent des mises en scène identitaires, des chapeaux « patriotiques » que l'on agite de façon névrotique, pour que dans le grand vide, à la fois moral et politique, qui s'installe un peu partout, on ait l'impression d'exister pour une cause.

Les identités déclinent des martyrologies, ressuscitent des mémoires. On se prend à avoir mal aux racines, comme si les grands principes laïques et démocratiques des Lumières avaient effectivement déraciné le monde, anéanti les mémoires ethniques et religieuses. Les religions deviennent des acteurs du droit international : le judaïsme, dès les débuts du XXe siècle avec la fondation d'un « Foyer national » juif en Palestine[6], appelé à devenir l'État d'Israël ; et l'islam également, instrumentalisé contre le communisme avec la création en 1969 de l'Organisation de la conférence islamique et qui sera mobilisé aussi pour tenter de contrer l'influence des communautés juives et leur appui à l'État d'Israël.

Ici encore, nous l'avons évoqué, la culture occidentale peut être mise en cause dans son travail incessant de construction-destruction de ce qu'elle produit elle-même. Elle a d'abord

---

6. Rappelons que la déclaration de 1917 du ministre des Affaires étrangères britannique, Lord Balfour, qui promettait la constitution de ce foyer, a été reprise dans le texte du « Mandat » sur la Palestine que la Société des Nations, la SDN, a entériné et accordé à l'Angleterre.

classé, hiérarchisé et décrit avec la plus grande minutie les ethnies, tribus, civilisations, groupes linguistiques, races, nations et religions sans toujours s'accorder sur le sens des mots, le contenu des concepts, ou du moins sans les employer avec beaucoup de rigueur [7]. Puis, comme prise de remords, la culture européenne va s'enfoncer avec délices dans l'absolutisation des différences identitaires, dans la célébration de mémoires enfouies qu'elle ressuscite. On revisite sa propre histoire d'abord, qui cesse d'être organisée par la recherche de la logique des événements, du progrès et de la révolution, pour se replier sur l'analyse des mentalités particularistes, les « annales » des terroirs perdus sous l'avalanche de l'industrialisation et de l'urbanisation, des grands événements révolutionnaires, des changements démographiques, de l'émigration...

Terroirs physiques et matériels, la vie des campagnes ou des artisans par exemple ; terroirs identitaires disparus ou laminés sous les politiques unificatrices de l'État-nation moderne, ceux des ethnies (Basques, Bretons, Corses par exemple) ou des groupes religieux disparus (cathares par exemple ou communautés juives européennes déracinées et décimées par la folie nazie). Cette évolution des recherches historiques a certes été féconde pour l'Europe, où les mémoires « officielles » ont longtemps occulté celles des groupes qui ont subi différentes formes d'oppression. Mais dans le tiers monde, la contagion s'étend ; et plutôt qu'une recherche sérieuse sur l'histoire des groupes qui composent des sociétés plurielles, c'est la nostalgie de l'« authenticité », opposée à une modernité-occidentalité déracinante, qui fait son apparition et deviendra un thème porteur, sitôt que le « progressisme » à la mode socialisante ou marxisante

---

7. Pour une critique de l'absence de rigueur et d'homogénéité dans l'utilisation des concepts relatifs à l'analyse des sociétés du Moyen-Orient et, de façon plus générale, des sociétés musulmanes, voir : Georges CORM, *Le Proche-Orient éclaté*, *op. cit.*, chapitres 1 à 4.

commence à perdre ses couleurs. Ce sont aussi les récits de combat de type essentialiste, hors de tout contexte géopolitique, ou ceux des oppressions subies par des « minorités » innocentes aux mains de « majorités ethniques » ou religieuses, accusées des pires fanatismes.

La perte des « terroirs » est d'ailleurs un grand thème de la littérature occidentale du XIXᵉ siècle, qui a rebondi récemment avec l'éclosion des modes identitaires. Le grand feuilleton de télévision américain *Roots* (racines) exprime bien ces nouvelles nostalgies [8]. Comme nous l'avons vu, la recherche d'authenticité est bien une problématique de la culture européenne, née de l'industrialisation et de la perte des terroirs ruraux. Elle s'est ensuite emparée des psychologies collectives dans les sociétés non européennes : à notre sens, c'est elle qui a produit la querelle modèle entre « slavophiles » et « Occidentaux » dans la Russie du XIXᵉ siècle, que l'on retrouve dans la culture arabe et d'autres cultures du tiers monde, comme dans le mouvement du Mahatma Gandhi en Inde qui oppose à l'occidentalisation du pays l'« authenticité » des traditions hindouistes. L'œuvre de Spengler ou même celle de Toynbee participent de cette nostalgie de l'authenticité, de la vigueur de terreaux culturels que la modernité n'aurait pas entamée.

La fascination de l'islam ou des mouvements islamiques au début des années quatre-vingt tire sa force du sentiment de cette authenticité que l'Europe aurait perdue et que l'islam pourrait encore incarner, lui qui se refuserait au désenchantement d'un monde laïcisé et sans couleur qu'aurait produit l'Occident. L'« émerveillement » de certains intellectuels occidentaux devant la révolution religieuse iranienne à ses débuts, avant son dérapage dans un anti-occidentalisme virulent, ne peut se comprendre que dans cette logique de

---

8. Sur la critique du concept d'authenticité que Heidegger a largement employé, on pourra se reporter à l'un des fondateurs de l'école critique de Francfort, Theodor W. ADORNO, *Jargon de l'authenticité*, Payot, Paris, 1983.

La fascination moderne de l'identitaire

désenchantement, de recherche de l'authenticité perdue. Beaucoup d'étudiants qui viennent des quatre coins du tiers monde étudier en Europe la sociologie, les lettres, l'histoire, les religions, baignent à partir de la fin des années soixante-dix dans cette nouvelle atmosphère académique, littéraire et médiatique qui favorise les recherches ou les écrits de type identitaire [9].

Évolutions géopolitiques et fascination de l'identitaire

Cette nouvelle fascination philosophique et médiatique des mises en scène identitaires, que nous avons déjà évoquée au chapitre précédent, est aussi le résultat des évolutions géopolitiques et idéologiques de la dernière phase de la lutte contre le communisme, marquée par les mobilisations sur des thèmes ethniques et religieux. L'effondrement de l'URSS et des régimes communistes d'Europe centrale et orientale a fait resurgir les vieilles « questions nationales », que l'exportation des conceptions européennes de la nation, après la Révolution française, avait contribué à forger un peu partout hors d'Europe [10].

---

9. Ayant participé à de nombreux jurys de thèses de doctorat en France, nous avons été le témoin « malheureux », pour ce qui est du Liban ou du Proche-Orient, des problématiques presque uniquement axées sur les phénomènes identitaires (l'évolution de telle ou telle communauté religieuse à laquelle appartient l'étudiant, le comportement de telle ou telle communauté par rapport à tel ou tel régime politique, sans tenir compte des complexités réelles de sociétés plurielles que les facteurs de la géopolitique font entrer dans des tourments divers). Heureusement que la plupart de ces thèses n'ont pas été publiées. Certaines cependant, tout à fait dans le vent des intérêts géopolitiques de l'Occident, l'ont été et font quelquefois malheureusement office d'ouvrages de référence. Pour le Proche-Orient, on pourra se reporter à notre bibliographie commentée et critique dans *Le Proche-Orient éclaté*, *op. cit.*, mais aussi à notre ouvrage *L'Europe et l'Orient*, *op. cit.*

10. Pour la Roumanie par exemple, on verra l'ouvrage de Claude KARNOOUH, *L'Invention du peuple. Chroniques de Roumanie*, Arcantère, Paris, 1990, en particulier le chapitre 7 : « Comment devenir moderne » ; ainsi que, du même auteur,

Un ouvrage à grand succès avait autrefois prédit l'effondrement de l'URSS par la révolte des républiques musulmanes [11] ; mais ce furent les républiques européennes (États baltes, Géorgie) qui se séparèrent de la fédération en premier, les musulmans d'URSS ne montrant aucun empressement à quitter le régime soviétique (qui y prédomine toujours largement aujourd'hui). L'identitaire devient ainsi le point de focalisation des analyses des conflits qui se multiplient de par le monde : de nombreux travaux récents mettent l'accent sur les phénomènes identitaires comme clé d'explication principale des conflits, même lorsqu'ils ne sont pas vraiment pertinents. Les éditeurs ont souvent une part de responsabilité dans les titres spectaculaires donnés à des ouvrages qui peuvent au demeurant être de qualité ou contenir des analyses nuancées. Ainsi, les référents identitaires sont omniprésents dans les titres (en particulier pour ce qui concerne l'islam) : on parle de « géopolitique » de l'islam, du chiisme, mais aussi de l'orthodoxie (pour les Grecs, les Russes et les Serbes), comme si la religion était un acteur du système international [12].

En France, depuis le début des années quatre-vingt, les travaux sur l'islam et les musulmans se sont multipliés. Les médias leur ont souvent donné un écho important, croyant trouver dans ces ouvrages des explications aux crises géopolitiques qui secouent les pays arabes méditerranéens et marquent la psychologie des communautés maghrébines

---

Postcommunisme fin de siècle. Essai sur l'Europe du XXIe siècle (L'Harmattan, Paris, 2000), qui fait une analyse critique des évolutions en Europe de l'Est depuis la chute du communisme, y compris dans le domaine du nationalisme et du multiculturalisme. Nous avons analysé la formation des querelles nationales pour les Balkans et le Proche-Orient au XIXe et au début du XXe siècle, dans Georges CORM, *L'Europe et l'Orient, op. cit.*

11. Hélène CARRÈRE D'ENCAUSSE, *L'Empire éclaté*, Flammarion, Paris, 1978.
12. On verra par exemple les ouvrages, au demeurant pertinents et informatifs, de François THUAL, *Géopolitique du chiisme* (Arléa, Paris, 1995) et *Géopolitique de l'orthodoxie* (Dunod, Paris, 1994).

immigrées. Une attention spéciale a été accordée aux mouvements fondamentalistes musulmans : plutôt que d'être étudiés comme on le ferait des anarchistes russes du XIXe siècle ou des mouvements violents d'extrême gauche de France (Action directe), d'Italie (Brigades rouges), d'Allemagne (Bande à Baader) ou du Japon (Armée rouge), l'essentialisme d'une prétendue mentalité musulmane immuable a trop souvent servi de trame idéologique aux analyses pseudo-savantes de textes religieux produits par ces mouvements.

C'est dans ce contexte aussi que les débats autour du port du voile par les jeunes filles musulmanes dans l'école laïque sont venus confirmer l'inquiétude légitime des Français sur l'hétérogénéité croissante de leur société. Le Conseil d'État a tenté un compromis entre les principes de l'école laïque et les revendications identitaires que le développement des droits de l'homme imposerait de reconnaître, selon certains.

Dans cette même conjoncture, l'école privée, qui relève souvent d'ordres religieux, reprend vigueur et les vieilles querelles scolaires rebondissent : l'école laïque officielle doit-elle céder à la mode identitaire ? Les jeunes filles musulmanes peuvent-elles y porter un signe de particularisme (qu'il soit attribué à l'ethnique, comme costume national, ou au religieux, pour voiler les cheveux) ; les jeunes de religion juive ont-ils le droit de ne pas participer à des examens fixés le samedi, jour du shabbat, peuvent-ils venir à l'école coiffés de la kippa, symbole d'identité religieuse ?

À la même époque, la libéralisation des ondes permet l'installation de radios religieuses et ethniques. Radio-Orient, qui appartient au milliardaire saoudo-libanais Rafic Hariri, retransmet les sermons de **La Mecque** tous les vendredis. Alors que la France s'efforce d'intégrer l'islam de France, elle ne voit pas d'inconvénient à ce que les sermons incendiaires et anti-occidentaux de La Mecque, où dominent les prêcheurs de la secte wahhabite, soient diffusés en France, amitiés géopolitiques et connivences d'affaires obligeant [13].

La France a aussi joué un rôle clé dans la prise de pouvoir des religieux en Iran en 1979. Elle permit, en effet, à l'imam Khomeyni, qu'elle accueillait sur son sol alors même que le gouvernement du chah d'Iran était toujours en place et reconnu par l'ensemble des nations, de mener une campagne politique majeure, à partir de Neauphle-le Château. Une tente était plantée dans ce paisible village français où fleurissaient brusquement les ayatollahs et mollahs ; les médias du monde entier étaient invités à répercuter la bonne parole de la révolution religieuse [14]. Plus tard, elle s'en mordra les doigts, puisqu'elle soutiendra l'Irak dans la guerre contre l'Iran, ce qui lui vaudra de terribles représailles au Liban. Plusieurs de ses citoyens et diplomates seront enlevés et le contingent français dans le cadre d'une Force multinationale d'intervention fera l'objet d'un attentat suicide. Tous ces avatars de la géopolitique internationale dans laquelle la France s'est imprudemment avancée, avec leurs énormes retentissements médiatiques, ainsi que la montée des idéologies identitaires qui en sont issues, contribuent évidemment à compliquer l'assimilation des communautés immigrées. Plus récemment, les événements dramatiques de Palestine ont évidemment fait craindre des heurts entre citoyens des deux communautés, juive et musulmane.

---

13. Le wahhabisme est une forme extrême de rigorisme islamique, apparue dans la Péninsule arabique à la fin du XVIIIe siècle et qui a été violemment combattue. En 1925, la prise de pouvoir de la famille des Saoud installe les partisans de cet intégrisme comme gardiens religieux du nouveau pouvoir qui fonde le royaume d'Arabie saoudite à cette époque. La fortune pétrolière du royaume leur permettra, en particulier avec l'explosion des prix pétroliers en 1973, d'exporter avec succès cette forme d'islam, jusque-là inconnue.

14. On rappellera que c'est aussi l'époque où le moindre opposant algérien qui menait une activité en France était expulsé ou réduit au silence sans aucun ménagement. Mais on rappellera aussi que les États-Unis ont misé sur le mouvement religieux, face à une monarchie iranienne discréditée, pour faire barrage à une prise de pouvoir des partis laïques et radicaux, dont le Toudeh, le Parti communiste iranien.

Mais on se rappellera aussi que les événements dramatiques du Liban, entre 1975 et 1990, ont eu une forte résonance en France, déchaînant des passions médiatiques. On était alors, sans nuances, avec les « chrétiens conservateurs » du Liban et contre les « palestino-progressistes musulmans », ou l'inverse. Le président français de l'époque, François Mitterrand, héritier des traditions laïques de gauche, employa le lexique identitaire le plus cru : il reconnut le « fait chiite » en 1984, lorsque l'armée libanaise éclata par sécession des soldats de confessions chiite et druze et que la milice chiite Amal prit le contrôle de la partie ouest de Beyrouth ; et en 1988, lorsque le Parlement croupion libanais ne parvint pas à s'entendre sur un successeur au président de la République et que le Liban connaissait deux gouvernements rivaux, le chef de l'État français parla du chef du « gouvernement musulman » du Liban, sous la direction de Salim El Hoss, et du général « chrétien » Michel Aoun, qui s'opposait par les armes à la Syrie.

Lors du conflit yougoslave, on verra aussi resurgir des passions fortes. Avec les Serbes, ou contre eux. Milosevic, dictateur certes fort peu sympathique, sera chargé de tous les maux. Si la France et l'Angleterre (qui avaient contribué à la constitution du royaume des Croates, des Serbes et des Slovènes en 1918) n'étaient guère enthousiastes pour le démantèlement de la Yougoslavie, il n'en était pas de même pour l'Allemagne et pour le Vatican. Les simplifications et les outrances dans les grands médias furent au rendez-vous : les particularismes ethniques ou communautaires furent mis en avant pour expliquer l'éclatement de la fédération, dont les causes sont autrement plus complexes.

La politique déployée plus tard par l'OTAN au Kosovo rappelle dans une certaine mesure les inconséquences de la politique américaine vis-à-vis des Kurdes ou des chiites en Irak, appelés à se révolter contre Saddam Hussein lors de la guerre du Golfe en 1991, puis abandonnés dans la détresse et l'exode. En effet, la protection accordée aux Albanais de cette province a entraîné un exode massif de la population et déstabilisé la Macédoine nouvellement indépendante, où un tiers de la population est de souche albanaise.

À chaque fois, les analyses ne tiennent presque pas compte des facteurs profanes, du jeu des élites locales, des mafias de la contrebande, de la drogue, du crime organisé. L'identitaire est servi à toutes les sauces. Ceux qui tentent dans les médias d'apporter un angle de vision quelque peu différent et plus nuancé font l'objet d'une réprobation virulente [15].

La survalorisation du religieux

Pourtant, des analystes de qualité ont bien montré le caractère largement imaginaire des constructions d'images de communautés ethniques et religieuses [16]. En 1996, le politologue français Jean-François Bayart, dans un très bel ouvrage dénonçant l'« illusion identitaire », a critiqué sans ménagement la montée des « songes » identitaires et la croyance dans la permanence figée des cultures censées exprimer de façon essentialiste l'« âme des peuples » [17]. En 2001, l'Américain Stuart J. Kaufman a dénoncé les analyses présentant les guerres balkaniques comme des « guerres ethniques » et explicité les causes nombreuses et complexes qui ont produit les affrontements meurtriers où la conscience ethnique ne joue qu'un rôle accessoire : la conscience ethnique,

---

15. On verra à ce sujet « Croyance en guerre, l'effet Kosovo », *Les Cahiers de médiologie*, n° 8, Gallimard, Paris, 1999.
16. Benedict ANDERSON, *L'Imaginaire national. Réflexions sur l'origine et l'essor du nationalisme*, La Découverte, Paris, 1996. Par ailleurs, on rappellera l'ouvrage d'Eric HOSBAWM, *Nations and Nationalism since 1780. Programme, Myth, Reality* (Cambridge University Press, Cambridge, 1990), qui montre bien que les idées et sentiments nationaux sont une production culturelle et politique de l'Europe qui ne prend son essor que très tardivement.
17. Jean-François BAYART, *L'Illusion identitaire*, Fayard, Paris, 1996.

explique-t-il, est instrumentalisée par des intérêts divers et particuliers, elle n'est pas le moteur des événements [18].

Les apports de la psychanalyse ou des anthropologues et sociologues du phénomène religieux, pourtant fondamentaux dans une pensée critique, n'ont pas plus réussi à imposer une certaine sobriété ni une certaine distance par rapport à l'inexorable montée en puissance d'un discours identitaire et narcissique, en Occident, comme hors de lui [19]. Car cette mode académique et médiatique occidentale a été copiée partout, comme d'autres auparavant : dans le tiers monde aussi, la mode intellectuelle est passée successivement du nationalisme de type laïc, sur le modèle français ou allemand, dominant au temps de la décolonisation, aux analyses marxistes sur les masses et les bourgeoisies « compradore », puis aux « martyrologies » de type religieux et/ou ethnique (dont la culture de l'Holocauste devient consciemment ou inconsciemment le modèle) et, aujourd'hui, à l'idéologie du militantisme civilisationnel global où la théologie de la globalisation économique occupe une place centrale.

Le 11 septembre 2001 est venu évidemment cristalliser un regain de passions géopolitiques et d'analyses sans beaucoup de nuances dans les grands médias européens ou américains. Le Coran, les livres sur l'islam sont devenus des succès de librairie, comme si l'on pouvait y trouver l'explication des événements compliqués qui secouent l'Orient musulman depuis la guerre d'Afghanistan contre l'Union soviétique, dont l'organisation d'Oussama Ben Laden est le produit.

Pour comprendre cet engouement « coranique », on n'oubliera pas le retentissement qu'a eu dans les années quatre-vingt-dix le livre, fort médiocre, d'un intellectuel américain, Samuel Huntington, proche des milieux au pouvoir

---

18. Stuart J. KAUFMAN, *Modern Hatreds. The Symbolic Politics of Ethnic War*, Cornell University Press, Ithaca, 2001.
19. Ainsi, par exemple, la réflexion de René GIRARD (*La Violence et le Sacré*, Grasset, Paris, 1972 ; *Le Bouc émissaire*, Grasset, Paris, 1982), mais aussi bien les travaux de Régis Debray, Serge Moscovici ou Pierre Legendre, déjà évoqués.

aux États-Unis, qui a « prédit » une « guerre des civilisations [20] ». Plus prosaïquement, cet auteur a décrit le scénario-fiction d'un affrontement de type religieux entre l'islam (allié au bouddhisme) et l'Occident chrétien, n'ayant qu'un rapport très lointain avec la réalité. On ne peut expliquer le succès de cet ouvrage, bâti sur un désordre intellectuel et une pauvreté d'analyse assez rares, que par le fait qu'il joue sur l'imaginaire de la ligne de fracture Orient-Occident remis au goût du jour des conditions géopolitiques mondiales après l'effondrement de l'URSS, gommant tout ce qui constitue les rapports de puissances profanes au profit de l'identitaire essentialiste à base religieuse qu'il dénomme abusivement « civilisation ». Mais, depuis la parution de cet ouvrage, nous sommes prisonniers de sa problématique, qui invoque d'ailleurs un relativisme des valeurs sous prétexte de ne pas aggraver le fossé de « civilisation » ; en réalité, la fameuse fracture entre l'Orient et l'Occident.

Cette survalorisation du religieux dans les analyses et les recherches traduit-elle le triomphe de la culture anglo-saxonne, fortement marquée par le protestantisme et son attachement aux archétypes bibliques, ou n'est-elle que le résultat de la prégnance de la sociologie wébérienne, ou un mélange des deux ? La laïcité en pays protestant n'est que relative, elle n'est pas la séparation marquée du profane social et du religieux que les pays catholiques ont développée. C'est la liberté de former des Églises et cultes que le protestantisme a revendiquée à l'encontre du monolithisme de l'Église catholique et de son intolérance. Mais les Américains revendiquent haut et fort l'imbrication du religieux dans la vision du monde et la vie sociale. Aux États-Unis, de plus, chacun peut affirmer ses origines ethniques ou sa différence religieuse, sans que cela soit choquant (ce qui n'est pas le cas en Europe continentale).

---

20. Samuel HUNTINGTON, *The Clash of Civilization and the Remaking of World Order*, Simon & Schuster, New York, 1996 (traduction française : *Le Choc des civilisations*, Odile Jacob, Paris, 1997).

La laïcité n'y est pas une valeur politique fondamentale, mais uniquement la liberté religieuse.

En témoigne, par exemple, la déclaration de principe rendue publique au début de l'année 2002 par un groupe prestigieux d'intellectuels américains et justifiant la guerre menée par les États-Unis après le 11 septembre [21]. Ce document très prolixe expose le système de valeurs morales américain et aborde la question religieuse et son importance. « Tous les signataires de cette lettre, y est-il déclaré, reconnaissent que la foi et les institutions religieuses sont ici et là dans le monde des bases importantes de la société civile, qui ont souvent produit des résultats bénéfiques et apaisants mais ont été aussi parfois des facteurs de division et de violence. » Trois systèmes fondamentaux pour faire face à ces « problèmes humains et fondamentaux » sont brièvement décrits et récusés par les auteurs : la mise hors la loi et la répression de la religion, l'idéologie laïque, la théocratie. « Nous nous prononçons contre chacune de ces trois réponses, dit clairement le texte. Bien que l'idéologie laïque semble de plus en plus, dans notre société, emporter l'adhésion des jeunes générations, nous la désapprouvons parce qu'elle vient à l'encontre de la légitimité d'une partie importante de la société civile et tend à nier l'existence de ce que l'on peut considérer avec quelque raison comme une dimension importante de la personne humaine. » Les auteurs vantent alors la solution américaine et la place de la religion dans la société : « La société américaine, dans ce qu'elle a de meilleur, s'emploie à faire en sorte que foi et liberté aillent de pair, chacune rehaussant l'autre. Nous avons un régime laïc — nos dirigeants ne sont pas des dirigeants religieux —, mais notre société est de loin la plus religieuse du monde occidental. »

---

21. Francis FUKUYAMA, Samuel HUNTINGTON, Daniel Patrick MOYNIHAN, David BLAKENHORN, Michael WALZER, Robert PUTNAM, Michael NOVAK et Amitaî ETZIONI, « Lettre d'Amérique, les raisons d'un combat », *Le Monde*, 15 février 2002.

La nuance européenne dans le discours narcissique et identitaire

Les événements du 11 septembre ont donc été un catalyseur du discours de l'Occident sur lui-même. Les discours les plus virulents sont venus des États-Unis ; il est vrai que c'est New York et Washington qui ont été attaquées et que c'est aux États-Unis que la thèse de la guerre des civilisations, prenant la suite de la guerre froide, a eu le plus de succès. En Europe, cette thèse a été plutôt combattue : elle ne correspond pas aux efforts de l'Union européenne pour s'adapter à la pluralité identitaire. Et elle soulève la crainte de voir les communautés issues de l'immigration, qui font de l'islam la seconde religion d'Europe, être déstabilisées et créer encore plus de problèmes que ceux posés par la marginalité et l'exclusion sociale dont elles souffrent depuis la fin des Trente glorieuses.

La nuance européenne dans le discours sur la guerre des civilisations est aussi due à la conscience de la dégradation de la notion d'État et de nation, comme communauté de citoyens. Cette dégradation a été fort bien décrite par Dominique Schnapper dans le but de redonner de la vigueur à la notion de citoyenneté [22]. On en trouve aussi une critique désabusée chez Jean-Marie Guéhenno, qui prédit la fin de la démocratie et évoque la « libanisation du monde [23] ». Ainsi, c'est malgré tout et toujours l'image de l'autre en « Orient » (ici le Liban) qui sert de repoussoir.

C'est aussi le désir de trouver une solution raisonnable aux « regains identitaires » qui ne peuvent manquer de toucher les communautés immigrées. En effet, depuis trente ans, l'augmentation des courants migratoires des zones pauvres du monde vers les zones riches, réfugiés politiques ou émigrés

---

22. Dominique SCHNAPPER, *La Communauté des citoyens. Sur l'idée moderne de nation*, Gallimard, Paris, 1994.
23. Jean-Marie GUÉHENNO, *La Fin de la démocratie*, Flammarion, Paris, 1993.

de la misère, a entraîné un gonflement des communautés ethniques ou religieuses étrangères que l'ère coloniale avait constituées dans les métropoles, posant un nouveau défi aux démocraties européennes qui avaient vécu jusque-là dans une relative homogénéité de leurs citoyens. Au nom même de l'extension des principes démocratiques, Marcel Gauchet, le théoricien du nouveau « désenchantement », montre très bien comment les vieilles démocraties à l'européenne, où les traditions jacobines sont fortes, s'efforcent d'accommoder la revendication identitaire à la mode [24].

De plus, l'Europe cherche à créer une grande zone de libre-échange avec les pays méditerranéens non européens. Ce projet n'est pas seulement économique, visant à élargir le marché européen et à fortifier les positions de l'Europe dans la compétition internationale ; il a manifestement une dimension politique, celle de dépasser la fracture Orient-Occident (dont l'épicentre, dans l'imaginaire historique occidental, est la Méditerranée et le noyau dur, le rejet par les « Orientaux » de l'État d'Israël, qui serait perçu comme une excroissance européenne sur l'autre rive de la Méditerranée). La déclaration de Barcelone en 1995, qui a voulu instituer un mécanisme de coopération et de sécurité en Méditerranée, incluant Israël, les pays arabes et la Turquie, s'est inscrite comme un complément, voire un substitut, aux efforts américains de régler le contentieux israélo-arabe par l'arme de la coopération économique, efforts qui, passé l'euphorie de la conférence de Madrid (1991) et des accords d'Oslo (1993), n'ont pas abouti.

L'Union européenne a même pensé un moment intégrer la Turquie : après la réalisation de l'union douanière avec elle en 1995, ce pays aurait dû devenir membre à part entière de l'Union, mais cette dernière retarde sans cesse l'échéance, invoquant notamment le non-respect par la Turquie des droits

---

24. Marcel GAUCHET, *La Religion dans la démocratie*, Gallimard, coll. « Folio/Essais », Paris, 1988, p. 121-140.

de l'homme, en particulier dans l'épineux problème kurde (motif en effet largement justifié, mais dont on peut se demander s'il n'est pas en l'espèce utilisé comme un prétexte, au vu du peu de cas réservé par ailleurs par la Commission de Bruxelles aux clauses impératives sur le « respect des droits de l'homme » figurant dans les « accords d'association » signés entre l'Union européenne et la Tunisie, en 1995, et l'Algérie, en 2001). Il est vrai qu'intégrer soixante millions de musulmans, si laïcisés soient-ils dans le cas de la Turquie, donnerait au multiculturalisme européen une ampleur que les sociétés des États-membres de l'Union ne sont peut-être pas encore prêtes d'accepter, même si l'image des Turcs depuis les victoires de Mustapha Kemal et l'introduction de la laïcité en Turquie, nous l'avons vu, n'est plus l'image négative qui a prévalu durant des siècles et qui est aujourd'hui transférée sur les Arabes. C'est à travers eux, dont certains sont devenus « combattants de la foi » en Afghanistan, que l'islam reste ce monde exotique, inquiétant et étrange, voire hostile, qu'il faut réduire.

Ainsi, si l'Europe tente de mettre un peu d'eau dans le vin américain de la guerre totale et sans nuance au terrorisme, il lui est difficile pour autant de s'en détacher. Les raisons sont nombreuses. La première tient à des liens historiques évidents et étroits : la civilisation américaine est un pur produit de la culture européenne et, au siècle passé, les États-Unis sont venus à la rescousse militaire de l'Europe en perdition, dans les deux grandes guerres puis dans la résistance au communisme soviétique. En aucun cas, on ne peut envisager une « révolte » européenne contre Washington — le Royaume-Uni veille d'ailleurs à assurer le maintien des liens les plus étroits entre l'Europe et les États-Unis.

Une autre raison tient à l'attachement européen à l'État d'Israël qui est, lui, directement issu, dans ses fondements historiques, de l'histoire de l'Europe et de sa culture. Sans les persécutions antisémites dont l'Europe s'est rendue coupable, sans la forme sacrée prise par les grands nationalismes européens et dont les pères fondateurs d'Israël, tous européens laïcs et modernistes, étaient imprégnés, cet État n'aurait pas pu voir le jour. Avec le développement plus tardif de la culture de l'Holocauste, que les États-Unis ont largement encouragée et promue, l'État d'Israël est devenu un noyau dur de l'espace sacré de l'Occident. Il incarne bien cette laïcité en trompe l'œil — sur laquelle je reviendrai dans le chapitre suivant — où, à l'abri d'un décor laïque et démocratique, le sacré perdure ou se reconstitue. Israël est une partie intégrante du discours narcissique moderne de l'Occident sur lui-même, auquel l'Europe a du mal à échapper, bien qu'à l'occasion des nouvelles violences en Palestine en 2001 et 2002 on ait pu remarquer une sympathie pour la cause de l'émancipation palestinienne bien plus grande en Europe qu'aux États-Unis, où le président américain n'a pas hésité à qualifier Ariel Sharon d'« homme de la paix ».

Raisons d'État et morale internationale

La défense par l'Occident de causes considérées par opportunisme géopolitique comme « islamiques » (guerre d'Afghanistan censée libérer les musulmans de ce pays de l'oppression soviétique, protection des musulmans de Bosnie ou du Kosovo contre les Serbes, libération du riche émirat de Koweït de l'occupation irakienne) a pu donner un moment l'impression que le problème palestinien était secondaire dans la guerre des imaginaires Orient-Occident. Le renversement de conjoncture créé par les événements du 11 septembre a remis tout à la fois l'islam et la Palestine en première ligne de cette fracture maudite.

Le risque est donc grand d'alimenter le sentiment de fracture, d'autant que les valeurs de justice et d'équité dont l'Occident se veut porteur disparaissent à chaque fois que l'État d'Israël est en cause. La laïcité du discours occidental, pourtant indispensable au maintien de l'ordre international, perd alors toute crédibilité. À vouloir mettre dans le même sac les mouvements islamiques armés qui ont été les janissaires de l'Occident dans la guerre froide et qui se sont ensuite retournés contre lui, et les mouvements de résistance à l'occupation israélienne qui se disent islamiques, les États-Unis et l'Europe bloquent toute perspective de reflux d'un sentiment de « guerre de civilisations » qui devient partagé. Bien plus, en refusant de reconnaître les aberrations intellectuelles dans lesquelles le discours narcissique de l'Occident s'est fourvoyé, en particulier la manipulation du religieux et des archétypes monothéistes et bibliques, on risque de consacrer la fin du « politique », sans lequel aucun ordre national ou international n'est possible.

Si l'on peut se féliciter que l'Occident ait mis en place des tribunaux pénaux internationaux *ad hoc* pour l'ex-Yougoslavie et le Rwanda, on doit s'interroger sur le refus des États-Unis de ratifier le traité des Nations unies qui a créé en 1998 une Cour pénale internationale ayant compétence pour juger tous les crimes de guerre ou contre l'humanité. On peut se demander aussi pourquoi l'Occident n'a pas mis en jugement d'autres criminels de guerre que ceux du Rwanda et de Yougoslavie (où manifestement c'est aux dirigeants serbes qu'on s'en prend le plus). La mise en jugement serait-elle réservée à ceux des dictateurs qui n'ont pas servi les intérêts géopolitiques de l'Occident ou se sont ouvertement opposés à lui ? Ainsi, les pressions sont-elles restées fort molles — et ont d'ailleurs échoué — quand il s'est agi d'engager des poursuites contre les Khmers rouges au Cambodge, antivietnamiens et antisoviétiques au temps de la guerre froide, responsables d'un véritable génocide. Ainsi ont été évitées toutes poursuites contre les dirigeants des milices libanaises, tous liés sous une forme ou une autre à des puissances occidentales, et responsables de la mort de 150 000 Libanais [25] ;

---

25. À l'exception du Hezbollah, lié à l'Iran et la Syrie, et que les États-Unis voudraient punir et supprimer du fait de son attitude « anti-occidentale » lors de l'inva-

ou contre le général Ariel Sharon, qui conduisit l'invasion de la moitié du Liban et le siège de Beyrouth au cours de l'été 1982, provoquant la mort de 22 000 personnes — et non pas seulement les 2 000 victimes palestiniennes de Sabra et Chatila [26]. Et contre tant d'autres dictateurs monstrueux d'Afrique et d'Amérique latine (dont le général Augusto Pinochet qui, malgré les efforts courageux de juges espagnols, n'a pu être appréhendé et emprisonné).

Comment accepter aussi de se taire à propos de l'embargo criminel sur l'Irak, responsable de la mort de dizaines de milliers d'enfants ? Plus de dix ans après la libération du Koweït, est-il pensable que les Nations unies maintiennent un tel embargo, alors que l'État d'Israël n'a jamais appliqué une seule des résolutions des Nations unies sans être exposé à la moindre pression ou le moindre embargo ? À cette aune, comment juger la condamnation des attentats suicides menés par certains Palestiniens qui subissent depuis près d'un demi-siècle le malheur du déracinement et de l'occupation par l'une des armées les plus puissantes du monde ? Si leur pancarte idéologique est l'islam, leur motivation réelle n'est-elle pas la libération d'une terre, enjeu profane qui n'a rien à voir avec la religion ? Il en est de même pour le Hezbollah au sud du Liban, qui a mené à partir de 1983 une guérilla implacable contre l'occupation israélienne (laquelle a duré de 1978 à 2000), prenant la suite des mouvements laïcs et nationalistes que l'armée israélienne a décimés [27]. Sont-ils moins héros

---

sion du Liban par Israël, des prises d'otages américains à Beyrouth et de son militantisme anti-israélien vigoureux.

26. Une plainte contre le général Sharon a été déposée en 2001 devant la justice belge par des survivants des massacres de Sabra et Chatila, plainte qui faisait suite à une autre action contre des responsables et complices du génocide au Rwanda. Cette dernière devait déboucher, mais celle contre le général israélien tortionnaire semble devoir être suspendue du fait qu'il est Premier ministre en exercice.

27. On rappellera aussi le combat des femmes contre l'occupation israélienne. C'est ainsi qu'en 1985 une jeune femme libanaise de confession chrétienne, Sana Mouhaidali, se fera sauter contre un tank israélien au sud du Liban. Une autre jeune Libanaise, elle aussi chrétienne, Souha Bichara, osera en 1990 attenter à la vie du

résistants, ces militants qui disent appartenir à Dieu, que les résistants communistes en France sous l'occupation allemande ? Certes, le Hezbollah est sous influence iranienne et porte l'idéologie de sa révolution ; mais les communistes français n'étaient-ils pas sous influence soviétique et porteurs du marxisme internationaliste ?

Jusqu'à quand les principes les plus avancés de la morale politique vont-ils être instrumentalisés au gré des intérêts géopolitiques des grandes puissances ou de l'Occident ? Si le colonialisme l'a justifié autrefois par la nécessité de « civiliser » les autres peuples, peut-on accepter aujourd'hui un droit international soumis aux caprices, aux passions géopolitiques et aux préjugés anthropologiques ?

Il ne faut pas mêler la morale et la raison d'État, qui n'a d'ailleurs de « raison » que le nom. Il ne faut pas justifier la « déraison d'État [28] », la légitimer par les visions de l'anthropologie de bas étage, celle qui croit de façon irrationnelle à l'essence immuable des psychologies collectives et qui met la religion et l'ethnisme à toutes les sauces pour servir toutes les causes, y compris les plus mafieuses (trafics de drogue, trafics d'armes, contrebande qui, trop souvent, font la fortune des nouveaux dirigeants de causes ethniques ou religieuses et permettent de faire durer les violences ou de multiplier les massacres).

C'est cela les délires identitaires que produit la culture occidentale désenchantée, sans les repères d'une cohérence intellectuelle qui peut-être n'a jamais vraiment existé. La culture occidentale est-elle vraiment rigoureuse et rationaliste ? Être puissant et dynamique n'implique pas

---

« général » Lahad, chef des supplétifs libanais enrôlés dans la milice pro-israélienne qui a terrorisé le sud du Liban durant toute l'occupation israélienne (voir son récit : Souha BICHARA, *Résistante*, J.-C. Lattès, Paris, 2000). Et dans les premiers mois de 2002, en Palestine occupée, trois jeunes femmes ont offert leur vie comme commandos suicides.

28. Terme emprunté à Olivier RUSSBACH, *La Déraison d'État*, La Découverte, Paris, 1987.

nécessairement que la raison domine toujours les comportements. Les Romains examinaient les entrailles de poulet avant de décider d'engager une bataille ; les Grecs consultaient les oracles. Napoléon croyait souvent à sa bonne fortune et à la force de son seul génie plus qu'aux réalités du terrain ; les espaces russes le perdirent. Mais il fut aussi un bâtisseur de génie de grandes institutions. Hitler était un fou dément, mais il réussit à séduire une grande partie de l'Allemagne et de l'Europe. Staline ne valait guère mieux, mais ceux de ses compatriotes qui le dénoncèrent en Europe dès les années trente ne furent guère entendus.

Répétons-le, les violences que nous dénonçons ici sont souvent dues à des intérêts géopolitiques, mélangés à des passions anthropologiques. Elles s'appuient sur de vieux archétypes religieux et mythologiques que nous allons examiner maintenant.

5

Laïcité et théologie du salut et de l'élection

La transposition des archétypes religieux dans les idéaux laïques

La laïcité a-t-elle vraiment désenchanté le monde ? Le recul de Dieu dans notre quotidien est-il responsable d'une modernité qui n'assure plus le bonheur des sociétés, voire qui entraîne les déviances diverses dont nous souffrons, à l'intérieur du monde occidental ou à l'**extérieur** ? On croit chasser l'obscurantisme de la religion et il nous revient sous des formes inattendues, laïques, comme le communisme, ou religieuses, comme les fondamentalismes les plus divers dont le 11 septembre et les Talibans nous fournissent un sombre exemple.

Gouverner sans l'aide de la religion, n'est-ce pas la grande utopie de l'Occident ? La raison seule assure-t-elle le bonheur de l'homme ? Napoléon n'a-t-il pas eu raison de dire que la religion était indispensable au gouvernement des hommes ? L'Arabie saoudite n'a-t-elle pas résisté à l'effet corrosif de la modernité en s'érigeant en gardien sourcilleux des lieux saints musulmans et en pratiquant en façade le rigorisme religieux, alors que l'Iran a perdu sa monarchie laïque et modernisatrice ? Israël, dont le critère d'existence est une appartenance religieuse, ne continue-t-il pas d'être considéré comme un État démocratique, conciliant modernité et tradition religieuse ? Tous les progrès de la démocratie que permettent la laïcité à la française ou le « sécularisme » à l'anglo-saxonne, l'émergence de la société civile, la représentation des intérêts particuliers, le perfectionnement des droits de l'homme, de la femme, des handicapés, des chômeurs, des minorités nationales ou religieuses, ont-ils empêché cette sensation de désenchantement en Occident même, la nostalgie de la mystique et de la spiritualité au quotidien ? Ont-ils empêché la résurgence des fanatismes au cœur de l'Occident où la folie du nazisme continue de se perpétuer à travers des partis racistes et violents, hors d'Occident avec les manifestations identitaires violentes, religieuses ou ethniques ou tribales, qui provoquent massacres et génocides ? Le 11 septembre n'est-il pas un épisode de ces regains d'irrationalisme et d'obscurantisme ?

Voilà ce qui nous interpelle en ce début du XXIe siècle, sans que nous ayons de réponse certaine à apporter, sinon de se pencher un peu plus sur le sens et les fondements de la laïcité dont on doute peut-être, aujourd'hui, qu'elle puisse être un système viable, ou du moins qu'elle puisse être un système généralisable à l'ensemble du monde et à même d'assurer un monde meilleur. Certes, l'Église catholique a eu longtemps un rôle de frein au progrès scientifique, à la modernité, à la libération de la femme et autres retombées positives de la démocratie. À ce titre, elle a été combattue avec ardeur et ce combat a été une partie intégrante, on l'a vu, de l'alchimie mystérieuse de la Renaissance européenne.

Le protestantisme a préparé l'assaut, en contestant la tyrannie royale et la corruption papale, mais en étant une première forme de retour aux sources bibliques et non point un mouvement de dépassement du religieux ou de sa marginalisation dans l'ordre social. C'est la liberté à l'intérieur du christianisme qu'il a plaidée et non point son dépassement dans des idéaux laïques ou dans un vague théisme, comme le feront les philosophes des Lumières. Luther, par exemple, n'a pas été moins antisémite que d'autres, Calvin a été austère et autoritaire dans sa gestion de la ville de Genève. Pour Luther, la perpétuation du judaïsme après la venue du Sauveur est inacceptable. On ne peut refuser la Lumière. Par la suite, le protestantisme se laissera gagner par l'esprit rationaliste des Lumières, bien que nombre de ses Églises garderont jusqu'à aujourd'hui le militantisme du fondamentalisme et des retours aux sources, en particulier aux États-Unis. Nous avons évoqué, au chapitre 3, comment le nationalisme et la religion civile entretiennent aux États-Unis des liens étroits avec l'archétype biblique de la conquête de la Terre promise.

Mais ce qui est frappant dans l'histoire de l'Europe, ce n'est pas tant le parcours de la laïcité ou de la sécularisation en tant que séparation du temporel et du spirituel que la transposition de l'archétype biblique du salut et de l'élection dans les idéaux laïques nouveaux. Le salut n'est certes plus un dessein divin qui guide l'homme ou que l'homme doit s'efforcer de découvrir ; il devient très précis, c'est le bonheur de l'homme à travers le progrès et une meilleure organisation politique et sociale. C'est la raison qui en est le guide et non plus la théologie et ses dogmes. Bonheur laïc qui s'oppose à l'ordre supposé de Dieu tels que les prêtres, prophètes et sages, sous toutes les religions et dans toutes les époques, l'on décrit et ordonné.

Ce glissement est relativement simple à comprendre. L'idéologie du progrès et de la raison se substitue, non sans luttes féroces, à toutes les formes de salut par le sacré. En fin de parcours, cette idéologie est elle-même sacralisée, que ce soit sous forme de capitalisme libéral ou de socialisme dit

« scientifique »[1]. La notion de « salut », même désacralisée dans sa formulation, reste sacrée, transcendantale dans l'idéal qu'elle représente dans la culture européenne, puis occidentale lorsque les États-Unis deviennent l'avant-garde du monde libre. « Religions séculières », comme l'ont fait remarquer de nombreux auteurs[2], elles ont inspiré les plus grandes guerres, les plus grands héroïsmes, les plus grands sacrifices, tout autant que les guerres prémodernes. Elles ont le plus souvent consacré les vocabulaires propres aux guerres des monothéismes : « croisades », « guerres saintes », « empire du mal », « démon » et « démoniaque », termes passés dans le langage courant d'une pensée en principe sécularisée[3]. En matière guerrière, la Renaissance européenne, la sécularisation occidentale n'opèrent en effet aucune rupture : la violence est totale, le salut laïc est global, ne souffre pas de scepticisme et appelle une allégeance sans faille. L'ennemi doit être exterminé, qu'il soit de l'intérieur ou de l'extérieur. Le maccarthysme aux États-Unis, au début de la guerre froide, a donné le modèle de l'inquisition postreligieuse, séculière. Le fonctionnement des partis communistes, russe ou européens, avec leurs purges et leurs excommunications, a rappelé le fonctionnement de l'Église et de ses conciles auxquels il fallait se soumettre sous peine d'exclusion pouvant être violente. Aujourd'hui, le « credo » économique du néolibéralisme fonctionne de la même façon.

En fait, l'esprit « occidental » a-t-il jamais quitté le monde enchanté de la Bible, l'esprit du monothéisme dans sa forme la plus crue, celle du prophète en armes qui sort son peuple de l'esclavage et des ténèbres pour l'amener à la lumière ? Un

---

1. Manuel de Diéguez parle des « idoles mentales » qui régissent les constructions de la théologie sacrificielle du monothéisme et la théorie scientifique moderne (Manuel DE DIÉGUEZ, *Et l'homme créa son Dieu, op. cit.*).
2. Voir les ouvrages cités en introduction.
3. De nombreux termes du vocabulaire chrétien sont également passés dans le langage profane, ainsi les mots « paroisse », « prêche », « adorer », « pèlerinage », etc.

monothéisme que Jésus, le non-violent qui ne reconnaît pas les frontières de la tribu, n'aurait pas réussi véritablement à changer, puisque le christianisme deviendra guerrier. L'islam, qui prétend clore le cycle prophétique de l'histoire humaine, ne sera pas moins guerrier que lui et que le judaïsme d'aujourd'hui, qui renaît en s'ancrant sur la création violente de l'État d'Israël [4].

Y a-t-il donc véritablement coupure de l'Occident dans l'histoire du monde par la sécularisation et la laïcité ? L'Occident rompt-il vraiment avec ses sources historiques et avec l'Orient du fait de la vision dite laïque du monde qu'il développe à travers la philosophie des Lumières ? Plus on y regarde, plus cela paraît douteux. La rupture par le progrès technique, certes ; par la capacité de se regarder et de se critiquer, certes aussi. Mais ces ruptures diverses n'empêchent pas l'archétype biblique d'être toujours agissant : un dieu, un système de valeurs, une allégeance, un seul type de salut qui ne peut être que celui de l'humanité entière. Certes, la sécularisation et la laïcité vont amener des progrès, de la tolérance, voire des droits pour protéger les dissidents jugés non subversifs. C'est là leur immense mérite. Mais ces progrès n'empêchent ni la guerre, ni la violence totale, ni les mécanismes d'exclusion, ni l'instrumentalisation des symboles bibliques dans le jeu politique intérieur de ce que l'on appelle le monde occidental ou dans ses relations avec les autres parties du monde.

---

4. L'islam, cependant, a toujours reconnu la validité des deux autres monothéismes, le judaïsme et le christianisme ; le texte coranique lui-même a, en effet, accordé la liberté de culte à ceux de ses fidèles qui acceptent la souveraineté islamique sur la Cité (sur ce point, voir le chapitre suivant).

La logique monothéiste et la notion de classe ou de peuple « élu »

Ce qui accentue encore plus, dans les idéologies modernes, cette permanence de la logique monothéiste du salut et la violence qu'elle peut entraîner, c'est la théologie du prophétisme et de l'élection. Individus ou peuples se voient, à travers la Bible, comme les élus de Dieu ou, dans la modernité européenne, d'une providence laïcisée pour conduire l'humanité à son salut. Peuples choisis, peuples élus, peuples du « témoignage » : les nationalismes modernes ont abondamment puisé dans la théologie biblique de l'élection.

Français, anglais, allemand, italien, américain, lequel de ces nationalismes ne s'est pas vu investi de la mission d'apporter au monde les Lumières ? L'Europe des nationalités qui succède à celle de l'Église et des guerres de religion est peut-être laïcisée ou en voie de l'être, mais chaque formation nationale se voit, en des termes bibliques, peuple élu porteur du bonheur de l'humanité. La modestie qui devrait caractériser l'esprit laïque est totalement absente du nationalisme. Celui-ci fonctionne comme le monothéisme : il est global, total, exclusif. Il produit aussi ses prophètes, ses grands prêtres, qui font tuer, assassiner, lutter à mort jusqu'à l'extermination, qui deviennent des martyrs à qui l'on élèvera les monuments. Le sacré ne disparaît pas dans le nationalisme moderne, il est transposé de son épicentre ancien, l'Église ou la communauté des croyants, à la communauté ethnique ou nationale, voire, dans le républicanisme à la française, la communauté des citoyens, toutes origines ethniques confondues. « On ne comprend rien à la révolution de l'Esprit et à la République, écrit de Diéguez, si l'on ignore la culture théologique de la France du XVIIIe siècle et la laïcisation républicaine de la christologie dans l'inconscient de la vie politique des démocraties latines [5]. »

Les histoires « nationales » qui se développent sont toujours imprégnées de souffle biblique : traversées du désert, miracles permettant d'arriver à la « terre promise » (la nation dans ses frontières historiques), exemplarité pour les autres peuples de l'accomplissement de la nation. Qu'il s'agisse du prophète législateur, comme Moïse, ou qu'il s'agisse de façon plus complexe du martyre du Christ qui s'immole pour le bien de l'humanité et dépasse l'archaïsme de la loi ancienne pour établir de nouvelles règles de fraternité : ces archétypes continuent d'imprégner le déroulement de l'histoire de l'Occident. Napoléon fait du nationalisme français le vecteur de la modernisation de l'Europe et, en même temps, il tente de concilier le vieux monde monarchique avec la nouvelle noblesse de mérite qu'il crée. Tout cela sur le même mode épique que le monothéisme, dans ses deux piliers principaux, celui de la recherche du salut et de la vérité divine globale et totale, et celui de l'élection d'un peuple qui peut conduire l'humanité au salut.

Les différentes sortes de socialisme qui vont se développer en Europe, parallèlement aux nationalismes et en tentant de les transcender, vont aussi fonctionner sur le mode monothéiste. Marx en sera le grand prophète et il fera de nombreux disciples ; le sauveur de l'humanité, le vecteur du salut, ne sera pas un peuple, mais le « prolétariat » qui devra s'unir pour faire le bonheur de l'humanité, lui permettre d'arriver à la « terre promise » de l'abondance et de l'égalité pour tous. Régis Debray, dans son ouvrage cité en introduction sur l'« inconscient religieux », a bien décrit la ressemblance entre le cérémonial du régime soviétique et le cérémonial religieux. Nationalismes russe et chinois, durant quelques décennies,

---

5. Manuel DE DIÉGUEZ, *Et l'homme créa son Dieu*, *op. cit.*, p. 174. Sur l'esprit religieux du nationalisme américain, on se reportera aux belles analyses d'Élise MARIENSTRAS, *Nous, le peuple*, *op. cit.* (en particulier le chapitre 18).

puiseront dans le marxisme, doctrine occidentale, vigueur et dynamisme. Pour les Russes, il permettra de dépasser la querelle entre « slavophiles » (partisans de la conservation de l'« âme russe » traditionnelle et de sa fortification contre l'effet corrosif de ce qui est perçu comme le matérialisme de l'Occident) et « Occidentaux » (partisans d'une modernisation accélérée de la Russie sur le modèle européen). Boris Pasternak sera le dernier des grands slavophiles, rejetant tout à la fois marxisme et capitalisme, tous deux produits de la modernité occidentale, pour tenter de conserver l'essence de l'âme russe et de sa spiritualité. Nous retrouverons le même phénomène dans le nationalisme arabe qui, nous le verrons, se laissera déborder, sous le poids de différents facteurs, par un retour fulgurant d'idéologie religieuse.

Mais le capitalisme occidental qui triomphe du marxisme à la fin des années quatre-vingt n'a pas le triomphe modeste. Il semble lui aussi se laisser prendre à la théologie du salut et à ses mécanismes. Ce n'est plus le prolétariat qui sauve l'humanité, ce sont les entrepreneurs libres, les « businessmen », avant-gardes du bonheur pour tous. Millionnaires et milliardaires, surgis d'un peu partout, se multiplient. Fonds monétaire international, Banque mondiale, Organisation mondiale du commerce deviennent les gardiens du Temple ; leurs dirigeants sont les grands prêtres, oracles, prophètes, de l'aube nouvelle qui s'est levée sur l'humanité. Les sommets des chefs d'État des grandes puissances occidentales (G8) deviennent l'équivalent des réunions des comités centraux des anciens grands partis communistes qui disaient la sainte parole. Les réunions des grands organismes internationaux de financement deviennent l'équivalent des anciens conciles de l'Église ou des plénums du Soviet suprême. Dissensions, émeutes, dissonances sont réprimées, marginalisées, tout comme autrefois.

Dans son essence, l'occidentalisation du monde a-t-elle tué Dieu, l'a-t-elle fait reculer, ou bien continue-t-elle d'assurer un mode de fonctionnement qui s'inspire toujours aussi fortement de l'épopée divine du monothéisme ? Dieu a pu changer de nom, a-t-il vraiment cessé d'inspirer nos comportements profanes ? Rappelons encore une fois le regard aigu de Pierre Moscovici sur la rationalité instituée par la sociologie de Weber et Durkheim dans la culture occidentale : « Elle tend à susciter autour de celle-ci [la sociologie] un consensus et, jusqu'à un certain point, une foi. C'est pourquoi l'ombre somptueuse d'une théologie plane sur son langage et ses concepts. Ils ont beau se vouloir positifs et proches de notre expérience, on y entend toujours une résonance biblique insolite. Du moins, par comparaison avec le langage et les notions de ces voisines, l'économie ou l'anthropologie [6]. »

Une laïcité en trompe l'œil qui se découvre des racines judéo-chrétiennes

Peut-être un des problèmes majeurs de l'occidentalisation du monde résiderait-il dans cette fausse laïcité. Une laïcité en trompe l'œil, dont la culture occidentale se gargarise, mais qui l'amène aujourd'hui à se découvrir des racines judéo-chrétiennes, en lieu et place des bonnes vieilles racines gréco-romaines que la culture de la Renaissance européenne s'était inventées pour légitimer ses nouvelles conquêtes contre l'idéologie immobile de l'Église. Cette notion, tout à fait nouvelle dans les vocabulaires occidentaux, ne met-elle pas en harmonie le discours laïc et le comportement d'essence religieuse de l'Occident ?

La référence aux racines gréco-romaines dans la culture de l'homme moderne consacrait en principe la rupture avec la théologie monothéiste et les différentes idéologies du salut du genre humain par la religion, la fin de l'organisation d'une vision binaire du monde où « hors de l'Église point de salut ».

---

6. Serge MOSCOVICI, *La Machine à faire des dieux, op. cit.*, p. 416.

Les racines gréco-romaines, en effet, sont païennes, panthéistes, pluralistes. Le paganisme classique, c'est la pluralité institutionnalisée et garantie, le métissage des dieux et des cultures et non leur exclusion mutuelle[7]. Ce sont les premiers fondements de la démocratie, du raisonnement logique sans recours au merveilleux ; c'est aussi le scepticisme, l'amour du dialogue socratique au service de la recherche de la vérité. Ce ne sont point les racines de la violence et de l'intolérance au service de la foi religieuse, ni celles d'une conception unique du salut de l'homme, hors de laquelle tout n'est que ténèbres. Ce n'est pas le monde de la Terre promise, des prophètes, de la déchéance et de l'élection, des guerres d'extermination à but sacré.

Le basculement très rapide, au cours des vingt dernières années du XXe siècle, d'un discours occidental invoquant les racines gréco-romaines à un discours se référant aux valeurs ou racines judéo-chrétiennes nous paraît s'expliquer par le fait que ce discours met enfin en accord le mode de fonctionnement de la pensée occidentale moderne avec les archétypes bibliques qui ont continué de la dominer en dépit de la sécularisation des formes et des objectifs de salut de l'humanité. Aventures nationales, aventures communistes ou capitalistes constituent l'essence même de toutes les formes de la modernité européenne : cette modernité a-t-elle vraiment triomphé sur le modèle monothéiste et violent à travers les guerres nationales européennes, les guerres coloniales, la

---

7. Nous avons étudié en détail et comparé le fonctionnement juridique et institutionnel du pluralisme religieux dans les sociétés païennes classiques (Grèce et Rome, Babylone en particulier) et dans les sociétés monothéistes. Il ne fait aucun doute que l'apparition du monothéisme a créé dans la gestion politique des sociétés plurielles des problèmes aigus dont nous sommes encore prisonniers, l'idée d'un Dieu unique et intransigeant entraînant une difficulté extrême à trouver des arrangements institutionnels pour faire vivre dans le même cadre des personnes adorant des dieux différents (voir Georges CORM, *Contribution à l'étude des sociétés multiconfessionnelles. Effets socio-juridiques et politiques du pluralisme religieux*, LGDJ, Paris, 1971 ; repris sous le titre *Histoire du pluralisme religieux dans le Bassin méditerranéen*, Geuthner, Paris, 1998).

guerre froide ? Ou bien ne fait-elle que le reproduire indéfiniment sous d'autres vocables et d'autres concepts, puisque son histoire est jalonnée de guerres totales, globales, des guerres d'annihilation ? Des *herem*, guerres saintes dont le modèle est dans l'Ancien Testament. La modernité démocratique et laïque, nous l'avons déjà noté, n'a amené aucune rupture, aucun progrès décisif pour réduire les violences collectives que les sociétés peuvent s'infliger les unes aux autres, lorsque les prend le démon de la conquête, de la puissance ou de la foi fanatique.

L'invocation de racines judéo-chrétiennes permet aussi d'inclure et de légitimer l'existence de l'État d'Israël, espace sacré de la psychologie collective occidentale, d'ôter tout caractère colonial à sa naissance et à l'extension continue des colonies de peuplement. De concilier laïcité et archétype biblique qui ont été les piliers idéologiques et contradictoires ayant présidé à la naissance de l'État dit « juif » ou « hébreu », naissance dans laquelle l'Europe puis les États-Unis se sont investis avec une constance peu commune, une énergie de tous les instants face aux refus palestinien et arabe.

Cette innovation, comme nous le verrons plus en détail au chapitre 6, permet en outre une grande exclusion, celle de l'islam, troisième monothéisme, le dernier-né qui se réclame avec force de l'histoire biblique, du prophétisme, du monothéisme le plus pur. Elle permet ainsi de rétablir sans aucun doute possible la fracture Orient-Occident dont la culture occidentale ne parvient pas à se débarrasser. Le marxisme, le communisme, le tiers-mondisme laïc avaient failli réussir à l'abattre. Leur effondrement la rétablit automatiquement avec encore plus de vigueur. C'est pourquoi, nous l'avons vu, le mauvais livre de Samuel Huntington sur le « choc des civilisations » a servi si facilement de point de cristallisation au rétablissement de la ligne de fracture. C'est pourquoi, également, l'effroyable pamphlet « post-11 septembre », proprement raciste, de la journaliste italienne Oriana Fallaci contre l'islam et les musulmans [8] a connu un succès encore plus grand en Europe.

Ainsi, la victoire américaine dans la guerre froide est aussi celle de la culture anglo-saxonne avec ses racines protestantes et bibliques. Elle a précipité le déclin de l'hégémonie du mythe des racines gréco-romaines de l'Occident forgé par l'Europe de la Renaissance et des Lumières.

Un coup d'État culturel

Voici un coup d'État culturel qui se fait en douceur. Le monothéisme organise à nouveau l'hostilité et la violence, engendrant un Occident judéo-chrétien dont le territoire réalise une avancée spectaculaire grâce à la création de son avant-garde israélienne. En face, un Orient musulman avec ses « cinquièmes colonnes » au cœur de l'Occident, ces communautés musulmanes émigrées dans lesquelles le terrorisme peut fleurir [9]. Le 11 septembre cristallise, par toutes les images qu'il a produites, ces frontières de l'imaginaire monothéiste, bien plus dangereuses que les frontières étatiques. Depuis, la guerre des imaginaires monothéistes bat son plein, quelles que soient les précautions oratoires prises de part et d'autre et qui n'empêchent pas les ratés de certains chefs d'État ou de gouvernement.

---

8. Oriana FALLACI, *La Rage et l'Orgueil*, Plon, Paris, 2002.
9. Ainsi, cette image forte que suggère le titre de l'ouvrage de Gilles KEPEL, *Les Banlieues de l'Islam*, Seuil, Paris, 1987. C'est à Gilles Kepel que l'on doit aussi la première grande enquête sur les mouvements islamiques, présentés comme des victimes de l'insupportable dictature nationaliste et laïque en Égypte ; le titre de ce travail a recours à une image biblique forte, celle du pharaon (Nasser) oppresseur et du prophète (les mouvements fondamentalistes égyptiens) opprimés : *Le Prophète et Pharaon. Les mouvements islamistes dans l'Égypte contemporaine*, La Découverte, Paris, 1984 (nouvelle édition : Seuil, Paris, 1993). On pourra se reporter à notre critique des travaux de la nouvelle génération d'orientalistes dans Georges CORM, *L'Europe et l'Orient*, *op. cit.*

La création imaginaire de racines judéo-chrétiennes pour l'Occident qui admet, enfin, l'importance du monothéisme au plus profond de sa psychologie, sécularisée ou laïcisée, présente d'autres avantages. En premier lieu, la réconciliation du judaïsme et du christianisme, impensable il y a un siècle ou un demi-siècle. L'Ancien Testament et le Nouveau Testament intimement unis, alors que le christianisme institutionnel s'est bâti contre le judaïsme ainsi que son attachement exclusif à l'Ancien Testament, et son refus de la parole christique. Il y a cent ans ou même cinquante ans, accoupler judaïsme et christianisme dans une seule expression eût été impensable. Aujourd'hui, l'expression de « racines judéo-chrétiennes » sonne juste, comme normale, naturelle, légitime [10]. Le « couple providentiel » et pervers constitué par l'opposition entre Aryens et Sémites, que nous avons évoqué au chapitre 1, est enfin liquidé intellectuellement, puisque le judaïsme est désormais totalement intégré au patrimoine occidental. Il est vrai que le protestantisme, comme nous l'avons rappelé, avait fait un premier pas. Non point de rapprochement avec le judaïsme puisque les pères fondateurs du protestantisme étaient, sur le plan théologique, tout aussi « antisémites » que leurs collègues catholiques qu'ils combattaient, mais de retour aux sources de l'Ancien Testament.

Les catholiques, de leur côté, ne sont pas demeurés à la traîne pour expier les excès de l'Église contre les juifs, ses mots assassins qualifiant par exemple le peuple juif de peuple « déicide », lui faisant assumer la responsabilité collective de la crucifixion de Jésus, le dieu immolé. Un basculement spectaculaire s'opère où la destruction des communautés juives d'Europe aux mains du nazisme, idéologie immonde mais

---

10. Rappelons que l'expression « judéo-chrétienne » était récemment encore une expression exclusivement savante qui désignait les sectes chrétiennes des deux premiers siècles du christianisme, qui n'étaient pas encore formellement séparées du judaïsme et institutionnalisées en églises avec un dogme ayant rompu toute attache avec le judaïsme.

sans référence religieuse chrétienne, est érigée en « sacrifice », en « holocauste », donnant à nouveau aux juifs un destin singulier. Un métissage idéologique (impensable d'ailleurs dans le christianisme oriental et les Églises orthodoxes, qui n'oublient pas que l'Église s'est construite en opposition au judaïsme) s'opère dans la culture et les mentalités occidentales, juive, catholique, protestante, et s'impose naturellement dans l'usage de plus en plus fréquent du concept de « racines judéo-chrétiennes », finalement bien conforme à la vision wébérienne de l'histoire religieuse de l'Occident. Histoire laïque et histoire religieuse de l'Occident sont enfin réconciliées. Ancien et Nouveau Testament sont mariés à nouveau, incluant cette fois le judaïsme au lieu de l'exclure.

Dans une démarche inconsciente, mais totalement inspirée de la théologie chrétienne et du mythe de l'incarnation de Dieu, l'Holocauste est « transsubstantié » dans la création de l'État d'Israël, État des juifs. Les souffrances extrêmes subies par les communautés juives d'Europe sous le nazisme sont hypostasiées dans la création « miraculeuse » d'un État, enfin protecteur, après les siècles de déshérence — tout comme la souffrance de l'humanité a amené Dieu, dans sa miséricorde, à envoyer Son Fils sur terre. Peu importe que le judaïsme orthodoxe ne partage point l'enthousiasme de ce retour en Terre promise, condamne l'État d'Israël comme un État impie, tente de s'opposer au sionisme qui le préconise ; l'enthousiasme anglais, puis américain, sur fond d'Ancien Testament, permet ce « miracle » des temps modernes. L'occidentalisation du judaïsme, vieille religion sémite, est enfin et paradoxalement accomplie avec succès [11].

---

[11]. Les nombreux ouvrages écrits par des juifs antisionistes, européens ou américains, religieux ou laïques, sont totalement marginalisés et ignorés au profit des ouvrages glorifiant le retour en Terre promise, donnant au judaïsme moderne une histoire en « continuum » logique depuis les temps mythologiques d'Abraham et de Moïse. On rappellera à ce sujet la présence de rabbins antisionistes aux nombreuses manifestations pro-palestiniennes récentes en Europe, mais aussi à Washington. On rappellera également l'ouvrage de Nathan WEINSTOCK, *Le Sionisme contre Israël*

Par l'appui inconditionnel à Israël, l'Occident se croit aussi sauvé de ses vieux démons irrationnels et de l'antisémitisme chrétien qui a fait des juifs l'obstacle au salut de l'humanité, le témoignage d'une « perversité » de certains hommes qui s'obstinaient à refuser le salut et la bonne nouvelle. Ces hommes-là, désormais, ne sont pas les juifs, qui auront dû à tort expier l'irrationalité de l'Occident. La culture de l'Holocauste a pour objectif d'exorciser cette irrationalité, de montrer que l'Occident en est guéri. L'« autre », fondamentalement différent, étrange, exotique, insaisissable dans son altérité, n'est plus le descendant des réfractaires au Christ ; l'autre, c'est l'adepte de Mahomet, l'Antéchrist de Dante et de Voltaire. C'est lui qui est irrationnel, insoumis, exaspérant.

Désormais, on l'a dit (et on va y revenir dans le chapitre suivant), l'exclusion est réservée au troisième monothéisme, l'islam. « Au XXe siècle, écrit Jean Lambert, il est naturel que le christianisme ne trouve pas quel office concéder à l'islam, si la place du monothéisme et celle de la rationalité sont déjà occupées. L'islam flotte de manière erratique, monothéisme archaïsant et remythologisé, forme dégradée du judaïsme et rationalité interrompue, incapable d'établir durablement sa forme laïque et moderne. On attend de lui qu'il veuille bien se défaire de son archaïsme religieux, pour lui permettre de tenter une aventure d'intégration "à la juive" au complexe méditerranéen. Et on soutient qu'à la différence du judéo-christianisme il serait sans rapport critique avec son texte [12]. »

On l'a vu, les discours de la culture moderne restent très marqués par le discours biblique sur les tribus ou les peuples tribus. C'est la révélation monothéiste qui fait des Hébreux une tribu parmi d'autres, un peuple. C'est l'Église du Christ qui fait des chrétiens une communauté de croyants,

---

(Maspero, Paris, 1969), et le témoignage émouvant d'une femme de rabbin contre l'oppression que subissent les communautés juives refusant pour des raisons théologiques l'existence de l'État d'Israël : Ruth BLAU, *Les Gardiens de la Cité. Histoire d'une guerre de religion*, Flammarion, Paris, 1978.

12. Jean LAMBERT, *Le Dieu distribué, op. cit.*, p. 25.

supérieure aux autres peuples et tribus. Inclusion, exclusion : ainsi fonctionne toujours aujourd'hui la culture occidentale moderne, qui n'a jamais très bien su préciser ses grandes catégories anthropologiques : Sémites/Aryens, tribu/ethnie/ peuple/nation/religion, société/communauté, langue/culture/ civilisation/race. Comment classer l'humanité, quel critère primordial adopter, quelles catégories saisissent le mieux la diversité du monde ?

En dépit de milliers d'ouvrages, rien n'est bien clair encore dans la pensée moderne, puisque le judaïsme, en dépit de son insertion séculaire dans des cultures différentes, est considéré comme l'équivalent d'un lien national, ouvrant droit à la constitution d'un État mais dont la majorité de la population continuerait de résider hors de son territoire national (religieux ?). En sens inverse, l'islam, qui compte plus d'un milliard d'hommes, et en dépit de l'extrême diversité des langues et des cultures qui le traversent, reste considéré comme une « totalité », une masse compacte et indifférenciée, que structurerait exclusivement le dogme religieux, qui serait en même temps dogme politique et morale sociale.

Décidément, sitôt qu'il y a odeur de monothéisme, la culture occidentale s'affole, ses repères laïques se fissurent dangereusement. Loin de Dieu, l'Occident ? Désenchanté, l'Occident ? Cela est en tout cas de moins en moins évident. Certes, les formes de piété extérieures sont en déclin, marginalisées, pour être remplacées par d'autres rituels apparemment plus profanes [13]. Mais l'essence religieuse monothéiste a-t-elle jamais quitté la façon de voir et de penser le monde ? L'Occident ne s'est-il pas créé toute une mythologie sur sa

---

13. Ainsi, les « grandes messes sportives », ou celles auxquelles donnent lieu les grands concerts d'artistes à la mode, les cérémonies de distribution d'oscars et le festival de Cannes dans le domaine cinématographique, les grandes expositions rétrospectives d'œuvres d'art, les festivals de musique classique comme ceux de Bayreuth ou de Salzburg, les grands moments électoraux, le lancement publicitaire et médiatique de nouveaux produits de consommation, de modes vestimentaires ou de nouvelles percées en électronique, informatique, génétique.

généalogie de civilisation rationaliste et individualiste constituant une « exception » dans l'histoire de l'humanité, ce qui lui permet aujourd'hui, comme hier, d'exclure l'islam, d'en faire un paria de l'histoire des religions, comme il l'avait si bien fait autrefois avec le judaïsme ?

Il est d'ailleurs intéressant, en conclusion de ce chapitre, de citer les paroles de Youakim Moubarak, aujourd'hui décédé, mais qui fut prêtre et théologien renommé en France et au Liban pour ses travaux sur les relations islamo-chrétiennes dans une perspective « abrahamique » chère à l'orientaliste bien connu Louis Massignon, dont il a été le disciple et le commentateur inspiré : « Ceux qui sont ici savent que je conteste fondamentalement la théologie de l'histoire du Salut. J'ai passé trente ans de ma vie pour, je dirai, la rendre acceptable. En disant que cette histoire de Salut dite judéo-chrétienne n'était pas exclusive ni excluante et qu'au moins elle devait s'élargir à l'islam. Pendant trente ans donc, on a fait de l'abrahamisme ; je dois déclarer, sans brûler ce que j'ai adoré, que je trouve ce schéma tout à fait ambigu.

« Le schéma de l'histoire du Salut, même étendu à l'islam, est inopérant pour les raisons suivantes. D'abord sur le plan pratique : je constate que ce schéma n'a fait que nourrir des conflits sans nom, depuis le début et jusqu'au jour d'aujourd'hui, et que donc cela mérite réflexion. Ce n'est pas une histoire de théologie, mais une histoire de combat fratricide, et d'injustice grave. Je dis en pesant bien mes mots : c'est cette conception du Salut qui a alimenté tous ces conflits. C'est l'histoire du Salut qui est à l'origine du colonialisme. J'ai une histoire, tu n'en as pas, je vais t'introduire dedans. Voilà la théologie de l'histoire du Salut. J'ai la vérité, tu ne l'as pas ; tu es dans l'erreur. Je vais te mettre dedans [14]. »

---

14. Youakim MOUBARAK, *Les Chrétiens du monde arabe*, Colloque 1987, préface de Pierre Rondot, Maisonneuve et Larose, Paris, 1989, p. 124.

6

Le nouveau paria du monothéisme : l'islam

Les fonctions de l'image que l'Occident se fait de l'islam

Rien n'est plus troublant dans la culture occidentale d'aujourd'hui que sa perception de l'islam. L'Occident, qui domine la fabrication des images dans le monde, choisit bien celles qui légitiment sa vision : l'islam totalité globalisante, fait social total, temporel et spirituel confondu, irrationnel, irréductible, violent [1].

Rares sont les intellectuels musulmans ayant travaillé ces dernières années, dans une problématique rationaliste moderne, sur le Coran et la prophétique musulmane à avoir eu les honneurs académiques en Occident. Ils n'ont pas manqué pourtant et leurs travaux sont nombreux et stimulants ; ils mobilisent tous les acquis de la linguistique,

---

1. C'est cette caricature qu'a portée à l'incandescence le livre stupéfiant d'Oriana FALLACI, *La Rage et l'Orgueil, op. cit.*

replacent les expressions coraniques dans leur contexte de l'époque, décodent et déconstruisent les jurisprudences, les modes d'exégèse, en fonction des luttes de faction et de pouvoir. Mais ces auteurs, dont certains ont été assassinés ou bannis, n'ont guère retenu l'attention en Occident [2]. Alors que leurs œuvres jouissent souvent d'un grand prestige dans le monde arabe, où certaines sont vendues à plusieurs dizaines de milliers d'exemplaires, elles ne sont pratiquement pas traduites et ne sont que très rarement mentionnées dans l'abondante littéraire occidentale sur l'islam [3]. C'est le cas par exemple de Mohamed Shahrour, qui vit à Damas : celui-ci a proposé une lecture tout à fait nouvelle et révolutionnaire du Coran à l'aide de la linguistique et d'un retour au sens original des mots et des concepts employés dans le Coran tels qu'ils étaient compris à l'époque du prophète et non pas tels que nous les comprenons aujourd'hui [4]. Son ouvrage est un appel à une mise à jour de la compréhension du texte coranique, qui ne doit pas être figé ou prisonnier d'exégèses étriquées. En dépit du succès de cet ouvrage dans le monde arabe, il est à peu près ignoré par l'abondante littérature européenne ou américaine sur l'islam.

Les recherches académiques, suivant les canons de l'ethnologie du XIXe siècle, sont en effet restées principalement

---

2. Sur ce sujet, voir Georges CORM, *Le Proche-Orient éclaté, op. cit.*, chapitres 1, 2, 4 et 20, consacrés aux avatars historiques de l'identité arabe et aux différentes formes d'instrumentalisation de l'islam dans le cadre de la guerre froide et de la lutte contre les nationalismes laïcs du tiers monde.
3. Signalons toutefois les traductions publiées par La Découverte des ouvrages d'auteurs égyptiens musulmans de renom qui se sont élevés contre la vision très peu musulmane des mouvements fondamentalistes islamiques : Muhammad Saïd AL-ASHMAWY, *L'Islamisme contre l'islam*, La Découverte, Paris, 1990 ; Fouad ZAKARYA, *Laïcité ou islamisme. Les Arabes à l'heure du choix*, La Découverte, Paris, 1991 ; Hussein AMIN, *Le Livre du musulman désemparé. Pour entrer dans le troisième millénaire*, La Découverte, Paris, 1992. Mais on ne les trouve guère cités dans les travaux occidentaux sur l'islam.
4. Mohamed SHAHROUR, *Al Kitab wal Quran. Kiraat mouasira (Le Livre et le Coran, une lecture contemporaine)*, Damas, 1992.

attachées à répertorier et décrire minutieusement le moindre groupuscule se réclamant des thèses modernes de l'islamisme. Nous l'avons vu (voir *supra*, chapitre 4), ce type de travaux ne s'intéressant qu'aux mouvements islamiques actifs sur la scène politique tout en excluant l'analyse de l'évolution des contextes géopolitiques, ils produisent évidemment une image tronquée de la réalité « islamique ». Ainsi, les liens de ces mouvements avec l'islam wahhabite tout-puissant, ou le rôle de la création d'Israël et de ses victoires successives sur les armées arabes dans le développement de l'intégrisme religieux, sont des phénomènes le plus souvent ignorés.

Ce n'est que depuis les attentats du 11 septembre 2001 que la grande presse internationale a enfin montré du doigt l'intégrisme islamique qui caractérise beaucoup d'aspects de la vie sociale et politique de l'Arabie saoudite et du Pakistan, ainsi que les liens entre ces deux pays et l'organisation des Talibans et le mouvement Al-Qaïda d'Oussama Ben Laden. Jusque-là, le sujet était rarement évoqué, car ces deux pays étaient des alliés fidèles des États-Unis et avaient été des partenaires particulièrement actifs et dévoués dans la lutte contre l'Union soviétique. Ils étaient donc souvent présentés comme des « modérés » pro-occidentaux [5].

Pourquoi les analyses dominantes de l'islam, académiques ou médiatiques, du dernier demi-siècle ne se sont-elles focalisées que sur les mouvements fondamentalistes islamiques en dehors de tout contexte géopolitique et ont-elles ignoré le vigoureux courant de pensée libérale et critique ? Ce dernier retrouve pourtant les racines rationalistes de la pensée islamique de l'âge d'or des XIe et XIIe siècles, ou celles du mouvement de renaissance culturelle arabe qui débute après

---

5. Voir, en particulier, John K. COOLEY, *Unwholy War. Afghanistan, America and International Terrorism*, Pluto Press, Londres, 2000 ; et aussi, parmi les nombreux livres parus après les événements du 11 septembre, Jean-Claude BRISARD et Guillaume DASQUIÉ, *Ben Laden. La vérité interdite*, Denoël, coll. « Impacts », Paris, 2001.

l'expédition de Bonaparte en Égypte et se poursuit au XXᵉ siècle, stimulant le combat anticolonialiste, mais dans la complicité intellectuelle avec la philosophie des Lumières. Pourquoi, depuis la fin des années soixante, l'image de l'islam dans la culture occidentale n'a-t-elle plus été que celle du voile des femmes, « des sabres et des turbans [6] », du Djihad islamique, des barbes de mollahs ? Un faisceau complexe de facteurs a concouru à une instrumentalisation exceptionnelle du fondamentalisme islamique, dans toutes les sociétés où existent des communautés musulmanes. Une mobilisation que plus rien ne semble arrêter, comme tendraient à le prouver les suites de l'événement exceptionnel du 11 septembre.

Le discours de l'Occident sur l'Orient, on l'a vu, a d'abord forgé un énorme malentendu épistémologique et conceptuel, celui de la fracture Orient-Occident : l'Occident ayant rompu les amarres avec le monde enchanté du patriarche et des prophètes, l'Orient va être chargé symboliquement d'incarner l'archaïque et le spirituel. L'islam sera considéré comme son épicentre fondateur, comme si le christianisme n'était pas né ou n'avait pas germé durant de longs siècles en Orient et ne s'y perpétue pas par ses importantes communautés chrétiennes dites orientales (coptes d'Égypte, maronites et Grecs orthodoxes ou catholiques du Liban, de Syrie, de Palestine, Arméniens de Syrie, d'Iran, du Liban). Par opposition, par contraste obligé, pour fortifier la fracture Orient-Occident, la culture occidentale décrétera qu'elle seule a réussi l'exploit de séparer le temporel du spirituel, s'engageant dans la voie de la raison et de l'autonomie de l'individu.

L'islam, en revanche, par son essence même, supposée différente des autres monothéismes, ne pourrait réussir cet exercice si compliqué. Il serait condamné à ne pouvoir opérer cette séparation fondamentale, clé de l'entrée dans la

---

6. Titre d'un ouvrage de Rémi Leveau, *Le Sabre et le Turban. L'avenir du Maghreb*, François Bourin, Paris, 1993.

modernité. Ce serait bien sûr son charme, celui d'un Orient figé dans l'archaïsme religieux, mais en même temps ce qui en ferait un enfant condamné à ne pas pouvoir grandir, incapable d'intégrer la dynamique créatrice de l'Occident. L'image de cette fracture épistémologique devient irrésistible. Elle va organiser l'essentiel des recherches, des discours et des images sur ce couple infernal : l'Orient et l'Occident. Peu importe que l'image ne colle pas aux réalités de l'histoire : elle est trop impeccablement binaire ; de plus, elle reproduit de façon parfaite et inconsciente le schéma de l'élection biblique, en en laïcisant les formes. Elle répond trop au besoin de narcissisme du discours occidental sur lui-même, celui de se rassurer sur sa propre supériorité, alors que durant des siècles, à l'abri des dogmes rigides de l'Église catholique, l'Europe a vécu la longue nuit du Moyen Âge, cependant que l'Orient brillait de tous les feux de la civilisation et du savoir.

On ne peut ici que renvoyer aux très belles pages de Jack Goody sur l'absence de discontinuités entre les évolutions de l'Orient et de l'Occident, sitôt que le regard de l'historien se porte sur la longue durée et le mouvement pendulaire du progrès entre les évolutions de l'Orient et de l'Occident. Ainsi, explique cet auteur, professeur honoraire à l'université de Cambridge : « Ce qu'il faut revoir, c'est l'idée selon laquelle l'Orient aurait été interdit de changement pour des raisons générales, par exemple l'absence d'un modèle rationnel ou familial adéquat. Toute intervention sur ce terrain doit absolument prendre en compte, me semble-t-il, le caractère temporaire de l'avantage occidental, en dépit de la croyance inébranlable des humanistes que la clé de l'énigme est en Grèce, à Rome ou, au contraire, dans les racines tribales des peuples d'Orient [7]. »

On réalise ici combien sont fragiles les thèses sur le rôle clé que le monothéisme aurait joué dans l'émergence de

---

7. Voir Jack GOODY, *L'Orient en Occident, op. cit.*, p. 293.

l'autonomie de l'individu et la supériorité de l'Occident, ou celle de Marcel Gauchet sur le monothéisme comme « religion de la sortie de la religion » (voir *supra*, chapitre 3). Mais quelle valeur lui accorder, dès lors que le troisième né du monothéisme, qui compte un nombre de fidèles aussi important que le christianisme et qui se réclame sans complexe d'une filiation judaïque et chrétienne [8], est exclu du champ de l'observation ? La recherche en sciences humaines, les questionnements en matière de philosophie de l'histoire, plutôt que de réfléchir sur les évolutions différenciées des trois monothéismes et leur signification, ont tissé en Occident les « fables » très savantes de Weber et Durkheim, destinées à clore le périmètre dans lequel se meut la culture occidentale, en dépit de sa prétention à l'universalité.

En tout cas, il est clair que l'« exceptionnalité » de l'Occident dans le développement économique, que nous avons longuement évoquée au chapitre 2, n'est en rien due à la religion, en particulier au monothéisme. Les sociétés islamiques qui le pratiquent avec intensité depuis quatorze siècles n'ont pas, en effet, été entraînées dans le mouvement de puritanisme et de désenchantement du monde qui, selon les grandes traditions de la sociologie et de l'anthropologie occidentales, aurait « fait » l'Occident moderne et sa puissance.

Mais l'image du développement séparé de l'Occident n'est pas nécessairement, dans son essence, hostilité à l'autre ; elle est d'abord besoin de confort, de sécurité psychologique. Certes, les conquérants que la Renaissance européenne engendre, et qui partent à l'assaut du monde, pourront donner les couleurs négatives à la partie orientale du binôme Orient-Occident, pour justifier les conquêtes et le colonialisme. Mais il n'est pas sûr qu'à l'origine la projection du monde comme fracture entre l'Orient et l'Occident soit due, sous la plume de

---

8. De très nombreux chapitres du Coran reprennent les épisodes de l'histoire des Hébreux de l'Ancien Testament, mais aussi de celle du Christ, considéré comme ayant reçu l'esprit de Dieu.

ceux qui la forgent, à une hostilité essentielle, « génétique », entre ces deux mondes supposés différents dans l'imaginaire occidental. (C'est ce que nous ont montré les analyses du système des valeurs et des préoccupations qui ont forgé l'anthropologie et la sociologie modernes, en particulier la tradition wébérienne et le dévoiement de la linguistique que nous avons évoqués en introduction et au chapitre 1.)

Aussi, la critique du discours — ou même de l'image — orientaliste produit par l'Occident sur l'Orient, qui partirait exclusivement de ce présupposé, risque de manquer ce qui devrait être son but véritable : une déconstruction du mythe de la fracture Orient-Occident, non pour alimenter l'hostilité, mais, au contraire, pour la réduire, montrer son inanité, son rôle néfaste dans les inconscients collectifs qui s'abreuvent, en dépit de tous les progrès supposés de la laïcité, aux archétypes bibliques, qu'ils soient juifs, chrétiens ou musulmans. C'est vraisemblablement ce qui a manqué jusqu'ici aux analyses, parfois brillantes, qui ont tenté de montrer le caractère « colonialiste » et « totalitaire » du discours de l'Occident sur l'Orient, comme Edward Saïd a pu le faire dans son ouvrage célèbre sur l'orientalisme [9].

Qu'ils viennent d'Occidentaux ou d'Orientaux, les discours symétriques du dénigrement ne font guère progresser la connaissance et la rationalité. Car, nous l'avons vu, les courants majeurs du regard de l'islam sur lui-même, ou du moins ceux que l'hégémonie de la culture occidentale rend seuls visibles et met sur la place publique, sont ceux qui confirment la logique structurant la fracture. Oui, clameront ceux des Orientaux musulmans que la culture occidentale veut bien entendre, nous sommes le monde de la spiritualité et de la toute-puissance de la croyance en Dieu. Notre Coran, parole de Dieu transcendante et anhistorique, ne nous permet pas de séparer le temporel du spirituel, comme vous le faites en

---

9. Edward SAÏD, *L'Orientalisme. L'Orient créé par l'Occident*, Seuil, Paris, 1981.

Occident, rabaissant le statut de l'homme, le séparant de Dieu. Bien plus, votre laïcité dont vous nous rebattez les oreilles n'est qu'un complot judéo-chrétien pour nous anéantir, dissoudre les liens qui nous ont toujours unis dans la foi de Dieu où que nous soyons sur cette terre et à n'importe quelle époque où nous vivons. Vos croisades ont autrefois échoué, aujourd'hui vous voulez prendre votre revanche en créant et soutenant l'État d'Israël, en prêchant les droits de l'homme, la laïcité, la libération de la femme, bref en menaçant tous les fondements de notre ordre social.

Les réponses de l'islam déraciné

L'Orient musulman, dans sa réponse à l'Occident, est pathétique. Il le confirme et lui donne raison sur toute la ligne, renforçant ses convictions, son narcissisme et, du fait même, sa puissance dissolvante. On ne s'étonnera pas du déferlement d'ouvrages, de recherches, de travaux sur ce type d'islam, totalement déraciné, appauvri, marginal d'ailleurs dans la grande majorité des sociétés musulmanes, sauf lorsqu'il a été instrumentalisé, pendant la guerre froide, pour abattre le monstre communiste que l'Occident a engendré en son sein dans ses dynamiques contradictoires.

C'est bien un islam déraciné dont il s'agit, un islam « occidentalisé », atteint par le fonctionnement intransigeant et exclusif de la théologie du salut et de l'élection qui sous-tend trop souvent la culture occidentale et dont l'islam dans sa splendeur s'était en général défait. Mais l'islam d'aujourd'hui où le fondamentalisme globalisant a triomphé dans la conjoncture de la guerre froide, cet islam-là est coupé de ses racines. Le drame est qu'il refuse de l'admettre. Il refuse de prendre acte que la grande civilisation musulmane, celle des Ommeyyades, des Abbassides, des premiers Ottomans, de ses prolongements iraniens dans l'empire des Moghols aux Indes, est morte. Aussi morte que la civilisation de la Grèce antique. La grandeur de cette civilisation a justement été sa plasticité, sa perméabilité à tous les apports culturels et scientifiques que les conquérants arabes sortis du désert ont trouvés sur le chemin de leur épopée, dont l'alchimie reste aussi à déchiffrer. Apport perse, apports grec ancien et byzantin, apports syriaque et araméen, plus tard apport de l'Inde : le génie de cette civilisation aura été cette synthèse exceptionnelle.

Contrairement aux idées reçues, cet islam classique a non seulement accepté mais encouragé les sciences, l'astronomie, les mathématiques et la médecine plus particulièrement. Il a connu une floraison d'écoles philosophico-religieuses et jurisprudentielles. Il a admis juifs et chrétiens jusqu'à la cour des califes et des sultans, permettant des joutes théologiques entre musulmans et non-musulmans. Il a fait traduire les grands philosophes grecs, introduit la littérature indienne dans les lettres arabes. L'arabe est alors devenu la langue de culture et de civilisation, même pour les Iraniens, héritiers d'une civilisation prestigieuse, ou pour les Églises syriaques du Liban. En Occident, si on connaît le « miracle andalou », on connaît moins bien le pluralisme de l'Orient à l'est de la Méditerranée, que l'islam n'a pas aboli, mais préservé, ou encore celui qu'a produit l'extension de l'islam aux Indes, en Indonésie, en Malaisie, là où il n'aurait pas dû s'accommoder du paganisme. Comment expliquer ce phénomène, si peu conforme à la vision actuelle de l'idéologie religieuse musulmane ?

Il y a à cela deux raisons principales. La première tient au respect scrupuleux de l'histoire biblique par le Prophète : les musulmans sont les fils d'Abraham, reconnaissent toute la lignée des prophètes depuis Abraham jusqu'à Jésus, qui occupe une place privilégiée dans le Coran, ainsi que la Vierge Marie, seule image féminine valorisée dans le livre saint (et vénérée chez les musulmans comme une grande sainte). L'islam de Mahomet n'est pas rupture ; il est, au contraire, continuité, perfectionnement, épanouissement du monothéisme que juifs et chrétiens n'auraient pas toujours respecté. Jérusalem est le second lieu saint musulman ; la circoncision et l'interdiction de manger du porc, au centre de l'identité musulmane, sont reprises de chez les juifs. Le Coran est une nouvelle révélation de Dieu qui complète, parfait et clôt les précédentes [10].

L'élection divine y met sa main aussi : le Coran est révélé en arabe et les Arabes sont la communauté du « juste milieu », car Dieu n'aime pas les excès en religion, ni la contrainte. Juifs, chrétiens et musulmans sont « gens du Livre », peuvent vivre ensemble, commercer, échanger ensemble ; il n'y a pas de notion d'impureté pour l'islam entre fils d'Abraham, appartenant à la même famille monothéiste. L'exclusion est réservée aux polythéistes, aux païens qui conservent des idoles et refusent l'idée du Dieu unique. Voilà ce qui a permis l'Andalousie et le miracle abbasside, puis l'empire des Moghols où les musulmans coexistent avec les Hindous païens grâce à des jurisprudences novatrices et tolérantes, celles-là mêmes qui ont permis aussi d'intégrer les Iraniens adeptes du zoroastrisme dans la cité musulmane. S'inspirant du christianisme, l'islam classique refuse aussi les phénomènes de tribalisme et d'ethnicité. Certes, la révélation a été faite en arabe, les tribus arabes sont l'instrument de la volonté de Dieu, mais à l'intérieur de la communauté des croyants il ne saurait y avoir de distinction entre Arabes et non-Arabes, dit le Coran. Les hommes naissent « égaux comme les dents du peigne », ajoute l'un de ses versets.

Bien sûr, sur le terrain, rien ne sera facile dans les relations entre musulmans, juifs et chrétiens. Un impôt de capitation sera mis en place en contrepartie de la liberté religieuse

---

10. Les musulmans, tout comme les chrétiens qui avaient accusé les juifs d'avoir changé ou perverti les textes principaux de l'Ancien Testament pour mieux nier le rôle messianique et rédempteur de Jésus, accuseront, à leur tour, juifs et chrétiens d'avoir perverti les Évangiles et l'Ancien Testament pour nier le rôle du Prophète Mahomet.

accordée, la *dimma*. Mais il ne faut pas regarder, comme l'on fait la plupart des essayistes sur l'islam, le régime des non-musulmans dans les sociétés musulmanes prémodernes à l'aune des critères actuels des bienfaits de la citoyenneté laïque [11]. Il faut le comparer au sort que les Juifs faisaient dans la Bible à leurs ennemis lorsqu'ils en étaient vainqueurs, ou au sort réservé aux juifs dans les empires et royaumes chrétiens de l'Europe. La comparaison est incontestablement au profit des sociétés musulmanes, qui ont accepté le pluralisme, même si, à telle période historique de troubles et d'invasions, chrétiens ou juifs ont pu être malmenés. Mais il n'y a eu ni massacres, ni génocides, ni mises en ghettos hermétiques, ni interdiction de posséder la terre, de commercer, d'échanger entre musulmans et non-musulmans. L'impôt de capitation a d'ailleurs été aboli au milieu du XIXe siècle, témoignage de l'occidentalisation des traditions islamiques.

Car cette occidentalisation — et ce point est essentiel — aura un effet double et contradictoire, à la fois fructueux et pervers : d'un côté, en particulier dans le monde arabe, des élites éclairées se saisiront des aspects les plus positifs de l'héritage des Lumières pour engager un processus de rénovation en profondeur de la tradition musulmane — un processus qui, malheureusement, échouera, nous y reviendrons ; de l'autre, nous l'avons déjà évoqué, l'occidentalisation va paradoxalement encourager une dangereuse sectarisation au sein des sociétés musulmanes. Cela est particulièrement net dans l'empire indien, où la colonisation britannique en a semé les ferments : le Pakistan, État des « purs », c'est-à-dire des Hindous musulmans, sera formé en 1947, à l'indépendance de l'Inde, dans des violences peu communes, en même temps d'ailleurs que l'État d'Israël qui sépare Juifs et Arabes en Palestine. Mais le Pakistan se brisera lui-même en 1970,

---

11. Sur ce point, voir : Georges CORM, *Histoire du pluralisme religieux dans le Bassin méditerranéen, op. cit.*

lorsque les Bengalis feront sécession, ce qui montre bien que la spécificité ethnique ou nationale est bien supérieure, à l'époque moderne, à toute transcendance supposée du lien religieux.

L'islam, une religion laïque !

La seconde raison de l'acceptation du pluralisme dans la société islamique classique, c'est qu'en Islam il n'y a point de clergé, de prêtres, d'Église instituée. Le calife est commandeur des croyants, il change les orientations dogmatiques et jurisprudentielles au gré des besoins politiques du moment. Comme pour le judaïsme, l'islam ne connaît pas la théologie complexe et tourmentée du christianisme. Les dogmes sont très simples. Le reste est exégèse personnelle, effort intellectuel (*jihad*) dit-on aussi en arabe, expression qui dérive du mot *djihad*, qui a aussi parmi ses nombreux sens celui de « guerre ». La notion même de séparation du temporel et du spirituel, un des grands marqueurs de la modernité européenne, ne peut faire de sens dans l'islam classique, puisqu'il n'y a pas d'institution spirituelle indépendante du pouvoir politique. Seuls existent des juges (cadis) ou des jurisconsultes (muftis) qui délivrent des opinions sur des sujets massivement non politiques, car on ne saurait encourir la foudre du calife ou du sultan.

Dans la société islamique de l'époque classique, la logique de la laïcité d'origine catholique ou de la sécularisation de type protestant est dénuée de tout fondement. Le problème ne se pose pas dans cette société, où certes le pouvoir cherche sa légitimation dans le religieux, dans la filiation avec la société idéale du Prophète et des quatre premiers califes dits « justes », mais où, en l'absence d'un pouvoir religieux institutionnel, le pouvoir ne peut qu'être civil. Le pouvoir des califes n'est pas d'origine sacrée, de droit divin ; ils ne prétendent pas à une infaillibilité de quelque nature ou dans quelque domaine que ce soit. Les califes seront donc contestés, assassinés, remplacés, incapables d'assurer de longues dynasties. Même chez les califes justes, trois d'entre eux mourront de mort violente. Dans la famille même du Prophète, naît le grand schisme entre sunnites et chiites qui continue d'être une fracture à l'intérieur même de l'islam. Les chiites se retireront d'ailleurs dans une position « quiétiste », hors du jeu politique, lorsque les Turcs, qui conquerront le pouvoir dans toutes les sociétés islamiques, généraliseront souvent par la force le sunnisme ; ils perdront alors toute position de pouvoir et d'influence.

La société musulmane, en dehors de quelques périodes bien courtes, n'assure donc pas la continuité du pouvoir, sa stabilité, le développement et le progrès des institutions. L'ethnisme arabe, qu'Ibn Khaldoun a expliqué dans sa théorie de l'*assabiyya* (la cohésion autour de la tribu), ne tient que de façon éphémère les royaumes et principautés qui émergent sur les décombres d'empires aussi brillants que fugaces. Les Berbères, les Turcs, les Iraniens, enlèvent partout le pouvoir aux Arabes. L'Andalousie sera ainsi perdue. Seuls les Moghols et les Ottomans assureront une certaine continuité et stabilité du pouvoir, dont le secret est peut-être dans l'œcuménisme culturel très grand de ces deux empires, qui succomberont néanmoins sous les coups de boutoir de l'Occident et de ses idées nouvelles.

C'est l'« occidentalisation » de l'Iran et de l'Irak qui, au XIXe siècle, mobilisera le chiisme, devenu quiétiste depuis des siècles, dans le combat politique et produira la nouveauté « détonante » d'une république islamique où les religieux s'érigent en censeurs du pouvoir politique par le système de la *wilayet fakih* (tutelle du savant religieux), nouveauté totale dans les traditions chiites. De même, la constitution d'un « Parti de Dieu » (Hezbollah) est en réalité incompatible avec la doctrine de l'attente de l'« imam caché » qui est au cœur même de la doctrine religieuse chiite traditionnelle. Le wahhabisme saoudien sera lui aussi une nouveauté moderne, longtemps combattue par les courants principaux du sunnisme qui n'admettront pas une interprétation aussi rigoriste de la religion. La puissance pétrolière du royaume et son alliance étroite avec les États-Unis lui permettront cependant d'exporter victorieusement le wahhabisme dans toutes les sociétés islamiques. Aujourd'hui, après le 11 septembre, le régime politico-religieux de l'Arabie saoudite se trouve en porte à faux dans une conjoncture géopolitique tout à fait nouvelle. Comme nous l'avons vu, pour la première fois depuis sa création, le royaume est ouvertement critiqué par la grande presse occidentale.

C'est donc bien l'occidentalisation des régimes politiques dans les sociétés musulmanes qui a déclenché le débat peu pertinent sur le temporel et le spirituel, lui donnant une tournure passionnelle. L'organisation politique dans ces sociétés va forcément se moderniser, s'européaniser ou s'occidentaliser. Les musulmans pieux qui font office de jurisconsultes (oulémas) vont bien constater la puissance des Églises occidentales, le statut des « hommes de religion » en Europe. Les souverains locaux, de leur côté, vont tenter de les institutionnaliser, de les canaliser à leur profit, d'empêcher leur capacité de nuisance lorsque le colonialisme occidental tentera de les mobiliser contre eux sur le mode réactionnaire, pour freiner un réformisme trop activiste débouchant sur la revendication d'indépendance.

Les souverains trop faibles pourront aussi, parfois, utiliser ou mobiliser les oulémas, les pousser à exprimer des vues xénophobes et extrémistes contre les puissances européennes qui dominent et manipulent ; ils les utiliseront également dans le jeu politique local, pour intimider la contestation de type démocratique, inspirée des principes politiques de l'Europe. De même, on n'hésitera pas à les mobiliser dans les luttes entre pays musulmans pour décréter que tel ou tel souverain est apte à reconstituer l'unité des musulmans et à prendre la succession du califat ottoman aboli en 1924 [12]. Bref, avec le modernisme, l'Orient musulman découvre tous les avantages que produit l'institutionnalisation de la religion, son entrée officielle en politique.

Il comprend le jeu de balancier entre le politique et le mystique. L'entrée en religion devient une carrière, aussi bonne que l'armée ou la politique. C'est une rupture fondamentale, totale avec la société de l'islam classique, celle des conquérants cosmopolites et ouverts, peu soucieux du développement du dogme et du statut social des hommes de religion, et où jamais un *cadi* ou un *'alim* en sciences coraniques n'a pensé à s'opposer au pouvoir civil, à le contrôler ou le canaliser — tout au plus, parfois, ils ont pu chercher à empêcher des excès, à rétablir le sens de la justice et de la miséricorde ou au contraire à exciter une ferveur religieuse affadie du souverain, à le mettre en garde contre les non-musulmans trop influents dans son entourage.

Dans un califat ou un sultanat à l'époque classique, la notion même de temporel et de spirituel n'existe pas et leur coexistence ou la nature de leur relation ne pose pas de problème, car le pouvoir est aux mains de civils, dont le souci est politique : principalement organiser le pluralisme ethnique ou religieux, voire organiser le religieux à l'intérieur du dogme islamique lorsque des conceptions et interprétations opposées du Coran ou même des écoles jurisprudentielles se heurtent trop vivement les unes aux autres ; mais aussi empêcher, dans la mesure du possible, les sécessions de généraux ou gouverneurs de province.

La société islamique à l'époque classique connaîtra bien, en effet, des troubles de nature religieuse, lorsque écoles philosophiques ou jurisprudentielles en viennent aux mains, et aux armes. En particulier, dans l'Empire abbasside, les heurts

---

12. Sur ce point, voir Georges CORM, *La Méditerranée, espace de conflit, espace de rêve*, L'Harmattan, Paris, 2001, chapitre 1 : « Grandes puissances recherchent calife pour gérer l'Orient ».

seront très violents entre conservateurs, refusant la lecture historique et critique du Coran et des « dits [13] » du Prophète, et les motazilites, école d'exégèse philosophico-religieuse d'avant-garde qui tente d'assurer le triomphe d'une vision rationaliste où le Coran est un fait historique et non point une vérité métaphysique incréée [14].

Rien, donc, dans la réalité historique des sociétés musulmanes, n'est plus éloigné de l'image qui s'est forgée aujourd'hui de l'islam comme fait social global où le religieux gouverne les hommes et les institutions dans un exclusivisme sans faille. Cette image est évidemment consacrée par la grande tradition de l'anthropologie et de l'ethnologie classiques, qui sépare artificiellement l'« exception » des sociétés occidentales de la « norme » des autres sociétés supposées enfermées dans le sacré [15]. Elle est le produit de l'occidentalisation du monde et de la ligne de fracture Orient-Occident qu'elle organise et impose, et dans laquelle beaucoup de penseurs musulmans, consciemment ou inconsciemment, se sont laissés enfermer [16].

---

13. Les « dits » du Prophète sont ses paroles recueillies par ses compagnons et qui ne sont pas directement parole de Dieu, reprise exclusivement dans les versets du Coran.

14. C'est vraisemblablement la férocité de ces luttes et le triomphe des conservateurs, après une courte période de domination motazilite à la cour des Abbassides, qui amènent à la fermeture de la liberté d'exégèse et à la fixation des quatre écoles jurisprudentielles.

15. Sur ce point, on renverra une nouvelle fois à l'excellent Jack GOODY, *L'Orient en Occident, op. cit.*

16. Nombre des intellectuels arabes qui ont été séduits par les thèses du fondamentalisme islamique sont des anciens du tiers-mondisme socialisant ou marxiste qui ont changé abruptement d'idéologie, lorsque les vents ont tourné. En cela, ils ressemblent étrangement à certains intellectuels occidentaux qui sont passés du marxisme ardent à la défense du néo-libéralisme et des valeurs religieuses occidentales dans un sens fondamentaliste.

Le combat inégal du nationalisme arabe laïc et de l'islam occidentalisé

Une dernière cause des succès de la ligne de fracture que dessine la culture occidentale doit être recherchée dans le combat perdu du nationalisme arabe laïc contre les puissances coloniales puis contre Israël. L'âge d'or de ce nationalisme se situe entre 1820 et 1950. Il se caractérise par une renaissance de la langue et de la culture arabes, sortant d'une torpeur séculaire à l'ombre du pouvoir mamelouk puis ottoman. Les chrétiens du monde arabe y jouèrent un rôle éminent, mais de nombreux penseurs religieux musulmans y développèrent aussi des théories radicales, visant à confirmer la laïcité de la religion musulmane qui n'a point institué d'Église, à affirmer l'historicité de la révélation muhammadienne et le caractère idéologique et historique — et non point essentiel — des jurisprudences musulmanes sur l'organisation du pouvoir califal, largement inspirée de la Perse et de Byzance. Les penseurs et acteurs de cette renaissance étaient tous de fervents admirateurs de l'Europe et de ses institutions libérales ; ils ont cherché, en vain, à faire reculer la pression coloniale européenne afin de pouvoir réduire plus facilement les attitudes réactionnaires et antieuropéennes des fondamentalistes musulmans.

Évidemment, le colonialisme européen ne devait guère leur faciliter la tâche au XIXe siècle, en particulier avec l'éclatement du monde arabe en entités étatiques distinctes, à la suite de l'effondrement de l'Empire ottoman et du régime des mandats et des protectorats exercés par l'Angleterre, la France, et accessoirement l'Italie (pour la Libye). Le discours nationaliste et unitaire des penseurs arabes, séduits par la philosophie des Lumières et le nationalisme moderne, se heurtait à la dure réalité d'États fragmentés et dominés par les puissances européennes. L'émigration juive en Palestine administrée par les Anglais contre la volonté des habitants arabes, l'émergence du royaume saoudien en 1925 (qui professe ouvertement la variété wahhabite de l'islam, une doctrine fondamentaliste particulièrement dure) sur les décombres du royaume du Hejaz administré par la famille hachémite, très ouverte sur l'Occident : ces deux facteurs additionnels ont fait reculer les idées libérales au Proche-Orient, car elles perdirent alors de leur crédibilité.

Après la Seconde Guerre mondiale, le nationalisme arabe prendra une couleur plus radicale, avec le nassérisme en particulier. Mais l'Égypte nassérienne subit défaite après défaite dans ses tentatives de réaliser l'unité arabe, de libérer la partie de la Palestine devenue État d'Israël, ou de faire reculer l'influence saoudienne. Cette dernière répand la doctrine wahhabite au Proche-Orient, comme instrument principal de lutte contre l'idéologie marxiste qui est venue donner cette couleur radicale au nationalisme arabe, version nassérienne égyptienne ou version baathiste syro-irakienne. L'Occident soutient l'Arabie saoudite et développe partout dans le tiers monde l'hostilité aux nationalismes radicaux et forcément laïcs qui ont créé un instrument d'influence avec le Mouvement des non-alignés (nous avons évoqué à plusieurs reprises l'influence acquise par l'Organisation de la conférence islamique, l'Arabie saoudite et le Pakistan dans la géopolitique de la guerre froide).

Le nationalisme arabe laïc est alors définitivement écrasé, écarté de la scène intellectuelle du Proche-Orient où vont dominer exclusivement travaux et recherches — que leurs auteurs soient issus d'Occident ou d'Orient — sur l'islam « politique », non sans succès médiatiques. Cet islam nouveau a perdu toutes ses racines historiques véritables, résultat d'une occidentalisation perverse. Elle est tout à la fois politique (la lutte contre l'URSS et le marxisme) et narcissique (l'Orient/l'Occident, eux/nous). Elle s'accommode fort bien des régimes arabes ou musulmans, tel le Pakistan et le

Soudan [17], dont les performances économiques, sociales et politiques sont nulles, où sévissent l'arbitraire, la dictature, l'inégalité sociale, bref le sous-développement sous ses formes les plus crues.

Prédominance de l'islam politique d'un côté, victoires israéliennes et culture de l'Holocauste, de l'autre : voilà la tenaille que l'Occident politique, désenchanté mais inconsciemment cynique, met en place dans les années de la guerre froide. Le triomphe est total : les partis communistes d'Orient ou d'Occident s'effondrent, l'URSS disparaît, les nationalismes laïcs radicaux, « occidentalisés », du tiers monde disparaissent ; ethnismes et guerres de religion se multiplient partout, faisant des États-Unis l'arbitre suprême de tous ces nouveaux conflits.

Pour libérer le Koweït, État-ville pétrolier, l'Amérique et ses alliés peuvent aligner un demi-million d'hommes et les installer en plein cœur de la Péninsule arabique. Le peuple irakien est ostracisé, martyrisé, pour le bien de l'humanité. En Serbie, les troupes de l'OTAN procèdent à des bombardements dits « humanitaires », dans une approbation quasi unanime de l'opinion bien-pensante. Et on ne s'opposera pas à ce que des « barbus islamiques » d'Afghanistan viennent apporter leur aide aux musulmans des Balkans ou du Caucase.

Le dérapage de la « saga » islamique

Pourtant, cette « saga » islamique prend mauvaise tournure. Il y a d'abord les « barbus » d'Algérie qui, semble-t-il, dans une étrange complicité objective avec certaines branches

---

17. Rappelons que le Soudan, au début des années soixante-dix, passe d'un régime politique laïc inspiré du nassérisme au régime de la Sharia islamique, sous influence de l'Arabie saoudite — qui verse des aides considérables pour faciliter ce changement drastique ; la guerre avec les chrétiens et les animistes du Sud du Soudan qui refusent de se voir appliquer la Sharia devient inévitable.

du pouvoir militaire, mettent à genoux ce pays, autrefois phare du tiers-mondisme. Il y a toutes ces djellabas et ces fichus féminins qui se multiplient dans les communautés émigrées, bariolant les paysages urbains et bourgeois des opulentes capitales européennes, réintroduisent l'« archaïsme » au cœur même des grandes métropoles occidentales. Ce sont les « réseaux d'Allah », les « banlieues de l'islam » qui pourraient demain déstabiliser l'Occident[18]. Les partis européens d'extrême droite y trouvent un terreau fertile pour leurs idées racistes.

L'islam commence à faire peur : ce serait une « bombe démographique », qui encercle l'Occident et y dispose de cinquièmes colonnes. Cet Islam, tant choyé, est d'ailleurs ingrat pour l'Occident qui lui a permis partout de s'étaler. Il crache sans arrêt le venin des images-clichés, des stéréotypes sur l'Occident athée et laïc, celles d'un complot judéo-chrétien contre l'islam. Ne voilà-t-il pas qu'il s'en prend aux troupes américaines dans la Péninsule arabique, venues protéger le Koweït et l'Arabie saoudite ? Qu'il attaque les ambassades américaines en Afrique ?

Après l'attentat d'Oklahoma City aux États-Unis en 1995, la conviction s'est immédiatement formée que c'était les fous de Dieu musulmans qui avaient détruit ce bâtiment du FBI. On découvrira ébahi qu'un Américain bon teint en était le responsable et qu'il incarnait une vieille haine libertaire contre l'État fédéral. Il n'y a donc pas de « fous » qu'en Islam. Mais les Djihad islamique, Hezbollah, Hamas n'ont jamais eu bonne presse. Avec le 11 septembre, les Israéliens feront tout pour que Al-Qaïda, l'organisation de Ben Laden, soit assimilée aux organisations islamiques qui, au Liban ou en Palestine, luttent contre leur occupation. Désormais, islam égale terreur. Le dernier des monothéismes va-t-il devenir un paria de l'ordre nouveau que fait régner l'Occident triomphant ?

---

18. Voir Antoine SFEIR, *Les Réseaux d'Allah. Les filières islamistes en France et en Europe*, Plon, Paris, 1997 ; et Gilles KEPEL, *Les Banlieues de l'Islam, op. cit.*

Exotisée, exclue, instrumentalisée dans la guerre froide, quel va être le sort de la religion musulmane, telle qu'elle a été « occidentalisée » et instrumentalisée depuis quelques siècles par l'expansion coloniale de l'Europe, puis par le triomphe de la culture occidentale ?

On est bien en peine de répondre à cette interrogation. Car une partie de la réponse se trouve dans l'évolution future de la pensée et de la politique internationale de l'Occident. Or la culture occidentale est imprévisible. Son caractère premier est la dimension contradictoire de sa pensée, sa difficulté à opérer des synthèses durables, son aspect militant et idéologique depuis la Renaissance : le discours narcissique sur soi ou dépréciatif sur les autres ; les archétypes bibliques, le prophétisme, la théologie du salut et de l'élection, qui structurent ce discours laïc (et donc désenchanté) ; le choc des tendances libertaires avec les tendances prophétiques (et donc autoritaires). Le miracle de l'Occident, ce n'est pas sa puissance en tant que telle ; c'est d'arriver à maintenir et augmenter cette puissance alors qu'il se dévore lui-même et dévore ses voisins. L'Occident, ce sont les extrêmes qui caractérisent si bien le XXe siècle, mais aussi bien le XIXe siècle [19]. C'est la révolution et la contre-révolution tout en même temps, c'est l'affrontement titanesque du capitalisme et du socialisme, c'est la laïcité libertaire, la communauté des citoyens républicains, en même temps que la fascination-répulsion pour les ethnismes et les archaïsmes communautaires, et souvent le mélange des deux. Cela, nous le discernons mal, parce que l'Occident reste toujours triomphant et que nous avons naturellement tendance à confondre puissance et raison.

Aujourd'hui, l'Occident nous mène à une autre bataille, celle de la globalisation économique d'un ordre international nouveau et juste. Pourrons-nous être plus lucides dans ce domaine ?

---

[19]. Nous reprenons ici le titre du très bel ouvrage d'Eric HOBSBAWM, *L'Âge des extrêmes. Histoire du court XXe siècle*, Complexe, Bruxelles, 1999.

7

Globalisation économique et ordre nouveau

Le salut de l'humanité par le libre-échange

Si la notion de tiers monde a disparu des discours économiques, en revanche, le triomphe sur le communisme consacre l'idéologie néo-libérale dans toute son intransigeance. Celle-ci avait connu son premier essor au début des années quatre-vingt, avec l'arrivée de Margaret Thatcher et Ronald Reagan au pouvoir en Grande-Bretagne et aux États-Unis, la déchéance des théories keynésiennes en économie et l'hégémonie des théories monétaristes de Milton Friedman. Dans sa défaite, la pensée socialiste occidentale entraîne celle des penseurs du juste milieu entre capitalisme et socialisme. Le rôle de l'État dans l'économie est démonisé. Le salut de l'humanité, selon la pensée néo-libérale, ne peut se faire que par l'initiative privée, exclusive de celle de l'État, que par l'économie de marché libre — et non point sociale, comme le capitalisme allemand l'a longtemps prétendu. Une machine aveugle est en route, celle de la libéralisation, qui va démanteler les entreprises d'État dans les ex-pays communistes et en Amérique latine. Une machine qui fabrique des nouveaux pauvres tous les jours.

En même temps, l'Organisation mondiale du commerce (OMC), qui succède au GATT après la conclusion des grandes négociations commerciales internationales débutées dans les années soixante et conclues à Marrakech en 1994, va être érigée en gendarme de la libéralisation des échanges de biens et de services à l'échelle mondiale. L'Union européenne réalise le marché et la monnaie uniques et tente d'entraîner les pays méditerranéens dans une zone de libre-échange ; les États-Unis concluent avec le Mexique et le Canada des accords dans le même but. Le mot d'ordre est dans le libre-échange pour le salut de l'humanité.

C'est une nouvelle « croisade », telle que seul l'Occident sait les mener. Une mobilisation absolue d'énergie, de talents, de moyens financiers, de médias et de recherches académiques à la solde de cette nouvelle aventure. Le paradis promis s'appelle « globalisation » de l'économie, les moyens d'y parvenir : libération, libre-échange, retrait de l'État de la sphère économique.

Remarquons ici que le mythe de l'abondance économique universelle, du pain pour tous, n'est pas nouveau. Retournons à la Bible pour mieux comprendre. La pauvreté et le manque sont une déchéance que Dieu a ordonnée contre l'orgueil des hommes, ses créatures. « Tu gagneras ta vie à la sueur de ton front », dit Dieu en chassant Adam et Ève du Paradis. La Révolution industrielle européenne, fille de la Renaissance et de l'esprit des Lumières, relève le défi. Le progrès, à qui la science et les techniques européennes font faire des bonds de géant, va permettre de briser la rareté des ressources.

Avec l'État ou sans l'État ? Telle a longtemps été la grande question, à laquelle la social-démocratie européenne, après la Seconde Guerre mondiale, avait cru trouver une réponse de compromis entre les idéologies ennemies du socialisme et du capitalisme. Mais aujourd'hui, elle résiste avec difficulté aux avancées de l'idéologie néo-libérale. Cette dernière reprend à son compte toutes les anciennes promesses de paradis économique. Il suffit de moins d'État et plus de libre-échange. C'est le « doux commerce » cher à Montesquieu et Adam Smith.

Notre propos n'est pas ici d'instruire le procès de cette idéologie et de ses excès, mais de souligner que la contestation qui lui est portée depuis quelques années n'est pas venue du monde sous-développé, le moins armé pour profiter de la libéralisation des échanges, ou des anciens pays communistes où les inégalités sociales ont vraisemblablement retrouvé le niveau d'il y a un siècle ou plus, avant le règne des régimes socialistes. C'est du cœur même de la machine de puissance occidentale que la contestation a surgi en 1999 par l'écrit, la parole, les manifestations de masse. Contestation forte qui a souvent tourné à l'émeute parce que, en parvenant à mobiliser aussi largement différentes composantes de la société (syndicats ouvriers et paysans, partis écologistes, économistes encore de gauche, représentants d'ONG occidentales œuvrant dans le tiers monde), elle a suscité de vives réactions des États ; les bataillons d'Américains opposés au libre-échange sont importants dans cette coalition un peu hétéroclite. Ce n'est que plus récemment que des organisations du tiers monde se sont mobilisées pour se joindre à la partie contestataire de l'Occident.

C'est donc lui qui produit, en son propre sein, la contradiction. Car depuis la fin du communisme et la disparition de l'influence acquise par le tiers monde dans la gestion des affaires internationales, disparition elle-même liée au déclin puis à la fin du communisme, l'Occident est le maître du jeu dans tous les domaines. La guerre du Golfe est emblématique de cette situation nouvelle et, en particulier, de la disparition de l'influence de grands acteurs autres que les États-Unis et leurs alliés de l'OCDE. Chine, Russie, Égypte, Inde : leur influence s'est réduite comme peau de chagrin dans l'ordre international. La politique de promotion de la globalisation économique ne donne plus qu'un objectif unique à l'histoire du monde : l'adhésion de tous à l'OMC, le bonheur de l'humanité par le doux commerce. Cet idéal est depuis longtemps celui des pays de l'Europe de l'Ouest qui, lassés des guerres et des violences, se sont engagés sur cette voie dès 1956.

Certes, lors de la guerre du Golfe qui amène une implantation militaire directe et d'envergure des États-Unis au Moyen-Orient, et qui coïncide avec l'effondrement de l'URSS, les États-Unis avaient promis un ordre international nouveau, plus juste et plus harmonieux, fondé sur l'équité et la justice pour tous. La mobilisation des Nations unies pour faire rendre gorge à l'Irak devait être le premier acte de cet ordre nouveau. Bien sûr, le slogan d'un ordre nouveau plus juste se perdit dans les sables. Les États-Unis, seuls maîtres du jeu, se mirent à conduire les affaires du monde, en cavalier seul, ou avec l'OTAN ou les Nations unies, au gré des circonstances ou de leur intérêt du moment. L'Union européenne reste un fidèle allié qui ne discute pas trop les décisions américaines. L'attention, en fait, se porte sur l'économique, la grande aventure de la globalisation, le nouveau paradis de l'humanité.

La grande aventure de la globalisation : de 1492 au 11 septembre 2001

La globalisation est une grande aventure : les hommes, les techniques, les capitaux, les marchandises, les services qui bougent, se déplacent, se déploient avec de moins en moins d'obstacles. C'est la conquête du monde, commencée en 1492, qui continue. Européanisation, occidentalisation, modernisation, globalisation du monde : le même mouvement se perpétue avec de nouveaux vocabulaires, le triomphe de l'Occident prométhéen, celui de la Renaissance européenne et de la Révolution industrielle, du génie américain dans tous les domaines. Certains ont rejoint très récemment cette équipée fantastique : le Japon d'abord, puis les « tigres » du Sud-Est asiatique (Corée du Sud, Taiwan, Singapour, Malaisie). Les pays d'Europe de l'Est, qui ont connu le capitalisme industriel avant de tomber sous le joug du communisme soviétique, la République tchèque, la Pologne, la Hongrie, se débrouillent plus ou moins bien après la chute de l'URSS et leur entrée dans le monde globalisé, en dépit du développement de la pauvreté.

Ailleurs, le bilan est plus contrasté. En effet, la globalisation crée partout dans le tiers monde des nouveaux riches ; des couches sociales nouvelles émergent, des régions de certains grands pays, comme la Chine, attirent des investissements étrangers considérables, des secteurs ou des branches d'activités économiques sous-traitées là où la main-d'œuvre est moins chère créent beaucoup d'emplois, comme aux Indes avec la sous-traitance informatique. Mais cette nouvelle vague de globalisation amène-t-elle vraiment le mieux-être généralisé ? La littérature abondante des institutions internationales (OCDE, Banque mondiale, FMI, OMC, UE), instrumentalisées pour la promotion de la globalisation, les médias dominants (comme le respectable hebdomadaire britannique *The Economist*) alignent chiffres et statistiques censés le prouver. De leur côté, les détracteurs de la globalisation en produisent d'autres, bien plus probants, démontrant la montée de la pauvreté et de l'exclusion, des inégalités sociales, la dégradation de l'environnement. Bien malin celui qui s'y retrouvera, pourra se faire une idée indépendante, car la littérature antiglobalisation est relativement peu diffusée, alors que l'autre est hégémonique, domine les médias et tous les grands canaux de la communication internationale.

La contestation de la puissance américaine qui prend, depuis le 11 septembre, un envol nouveau, après celui de la guerre du Golfe, dix ans auparavant, reste elle aussi relativement marginale. Le 11 septembre va-t-il cristalliser les oppositions à la globalisation ou au contraire aider ses promoteurs à vaincre les dernières résistances ? La guerre des civilisations, la fracture Orient-Occident, vont-elles freiner la globalisation ou au contraire l'accélérer ? La question ne peut encore trouver de réponse, sinon dans un examen de la dynamique occidentale elle-même que nous cherchons à définir dans cet ouvrage. Mais aussi de la dynamique de l'occidentalisation du monde qui, le 11 septembre, a découvert avec horreur la persistance de l'homme des cavernes, Oussama Ben Laden et ses acolytes, marionnettes peut-être forgées par la puissance américaine elle-même, qui a su si bien instrumentaliser l'islam qu'il se retourne contre elle.

Telle est la problématique peu séduisante dans laquelle nous sommes enfermés et dont il n'est pas facile de sortir. Les détracteurs de la globalisation vont trouver dans la catastrophe du 11 septembre de quoi alimenter leurs critiques et leurs peurs ; ses promoteurs de quoi repartir à l'assaut avec encore plus de vigueur. L'avenir ne s'annonce pas facile, même si pour se rassurer, dans l'Occident bien-pensant, comme on l'avait fait après la guerre du Golfe, on remarque que la guerre portée au cœur de l'ennemi (la campagne américaine de bombardement sur l'Afghanistan) n'a pas déclenché le soulèvement général des « barbares » dont on avait si peur : ceux de l'extérieur, en Asie et au Moyen-Orient, terres d'islam, ne se sont pas révoltés ; et on n'a pas constaté d'activités hostiles au sein des communautés musulmanes émigrées en Occident. Les gouvernements « musulmans » amis ont résisté à l'épreuve : aucun d'eux n'est tombé sous les coups de foules en colère.

Pour autant, peut-on continuer, comme si le 11 septembre n'avait pas eu lieu, comme si l'objectif de globalisation demeurait intact, sans retouche ? Une opinion moyenne, éclairée, se forme qui affirme qu'il faut lutter plus fermement dans le tiers monde contre la pauvreté, l'exclusion, les dictatures et les violations des droits de l'homme, pour éviter les phénomènes tels que Ben Laden et l'écho qu'il peut susciter chez les exclus et les déshérités. Mais cette opinion se heurte à une autre, celle des sceptiques de l'occidentalisation du monde. Ce scepticisme a deux sources différentes d'inspiration intellectuelle : celle des « essentialistes », convaincus de l'exceptionnalité du modèle occidental, qui ne saurait être reproduit ailleurs ; et celle de l'« autocritique », ceux qui pensent que le modèle est dangereux, trop imparfait et injuste, qu'il entraîne par ses excès sa propre destruction. Les premiers, pessimistes, estiment que l'Occident doit se barricader chez lui, ne pas faire de prosélytisme, s'accrocher à ses valeurs et faire la guerre si ses intérêts vitaux sont menacés (guerre du Golfe) ou s'il est attaqué (11 septembre et guerre d'Afghanistan). Les seconds veulent empêcher une exportation du modèle dans le tiers monde et ne croient pas à la sincérité de ceux qui estiment que l'on peut le corriger, réduire ses excès. Pour eux, les discours sur la lutte contre la pauvreté dans le tiers monde, notamment ceux des Nations unies ou des grands organismes de financement internationaux, tels que le FMI et la Banque mondiale, n'ont aucune crédibilité. Pour les essentialistes, en revanche, tout supplément d'aide au tiers monde ne peut qu'entraîner un surcroît de gaspillage et continuer d'enrichir des dirigeants corrompus.

Derrière une apparente unité, la carte des opinions occidentales est donc complexe. Du « jusqu'au-boutisme » va-t-en-guerre à la perplexité tolérante et ouverte d'un relativisme total, à l'ouverture aussi sur le métissage des cultures, ou encore à l'attitude plus craintive et repliée sur les valeurs occidentales et le refus du métissage : l'Occident reste divers par-delà le discours dominant bien-pensant et hégémonique, centré sur la nécessaire globalisation.

Discours de la globalisation ou discours identitaire ?

Cela ne doit pas nous faire perdre de vue, cependant, que le discours dominant exerce une influence de plus en plus forte sur la gestion économique de la planète. La force de ce discours est de marteler que la prospérité économique pour tous peut être réalisée, si le libre-échange est généralisé et si les grandes firmes multinationales et les entrepreneurs individuels sont laissés libres de développer leurs talents. Avant l'effondrement des valeurs de haute technologie à la Bourse américaine, les exemples de réussite individuelle, d'enrichissement exceptionnel, des « entrepreneurs » jouant la mode de la « high-tech », façon Silicon Valley, étaient une vitrine remarquable pour « vendre » le nouveau capitalisme ultralibéral et stigmatiser le capitalisme ancien de type social-démocrate à l'européenne.

Hors d'Occident aussi, des nouveaux millionnaires sont apparus un peu partout. Il y a d'abord eu ceux produits par l'explosion du prix des hydrocarbures et toute la cohorte d'intermédiaires qui se sont multipliés, commissionnaires chargés de recueillir et redistribuer l'argent de la corruption sur l'adjudication des grands marchés d'État dans le tiers monde ou même à l'intérieur de l'Occident (l'affaire d'Elf, en France, a montré l'importance des sommes en jeu). Il y a aussi tous les nouveaux millionnaires produits par le capitalisme sauvage et sans loi qui s'installe sur les ruines du « bloc socialiste » ; ce sont en règle générale d'anciens apparatchiks reconvertis dans les affaires et qui participent au pillage de leur propre pays. Cela fait beaucoup de monde qui vient renforcer et approuver le discours hégémonique.

Un facteur additionnel de force et de crédibilité peut aussi être trouvé dans le nombre grandissant d'étudiants du monde entier qui font des études supérieures aux États-Unis. Les diplômes américains en finance, gestion des affaires, économie assurent en effet à leurs détenteurs une prime importante de rémunération sur le marché international du travail par rapport à des diplômes nationaux ou même de prestigieuses universités européennes. Les États-Unis sont la « Mecque » du capitalisme et le rayonnement intellectuel de l'idéologie militante néo-libérale de leurs universités est de plus en plus fort.

L'idéologie de la globalisation s'appuie donc sur une base assez large et n'est pas près de disparaître. Le développement perpétuel de nouveaux produits ou services dans tous les domaines, dont les qualités sont instantanément vantées sur tous les supports médiatiques internationaux, continue d'émerveiller. Les mouvements antiglobalisation n'ont pas la tâche facile et il est difficile de convaincre les pauvres que ce paradis de la consommation et de la technologie est un paradis artificiel dont l'accès leur restera interdit à jamais. C'est donc plutôt sur les classes moyennes des pays riches que le mouvement antiglobalisation peut s'appuyer, mobilisant en particulier sur les questions de pollution, de santé alimentaire et de qualité de vie, lesquelles n'ont guère de résonance dans les pays pauvres, où la fascination du mode de vie occidental reste entière. McDonald's, Coca-Cola, la voiture individuelle ou le téléphone portable restent, un peu partout, des symboles attractifs très puissants. Ils le sont d'autant plus que, dans un monde où se multiplient les phénomènes identitaires violents, ils incarnent pour beaucoup l'idéal d'un mode de vie commun, partagé par-delà tous les antagonismes.

Si ce constat de bon sens est déprimant, il montre en tout cas que le déclin du politique, au sens noble du terme, est le problème de base auquel il faut faire face. Ce déclin est produit par l'évolution intellectuelle en Occident même, où le discours narcissique que nous avons tenté de décrire prime aujourd'hui sur le discours critique. Ce dernier a été cantonné à la sphère économique, entraînant l'effacement de tous les courants intellectuels qui l'avaient porté antérieurement de façon beaucoup plus large. On rappellera simplement les travaux remarquables du Club de Rome dans les années soixante-dix, mettant en garde contre les gaspillages de ressources non renouvelables et leurs conséquences écologiques désastreuses. Ou toute la littérature engagée de cette période sur la nécessité d'un ordre économique international plus juste. Tout ce courant intellectuel a été littéralement soufflé, pulvérisé, par le triomphe du néo-libéralisme et l'effondrement de la pensée critique.

C'est pourquoi les critiques de la globalisation ont du mal à porter une contradiction qui puisse se faire entendre, ou du moins qui puisse infléchir la pensée dominante et amener un changement des comportements économiques des grands acteurs internationaux. Le messianisme de la globalisation n'a pas encore d'adversaires majeurs, en dehors des manifestations de rue et des désordres qu'elles provoquent lors des grandes conférences internationales — désordres qui ne sont pas sans faire du tort au message des mouvements antiglobalisation.

Si la symbolique du 11 septembre peut être employée pour faire revivre l'esprit critique, c'est parce qu'elle ressortit plus à la contestation politique globale qu'à celle de l'ordre économique nouveau. Ce qu'il est urgent de réaliser à l'heure actuelle, c'est plus le retour au « politique », qui peut permettre à la critique technique des mécanismes de la globalisation de prendre du sens.

Car, ne nous y trompons pas, le messianisme promettant l'abondance pour tous, si démagogique soit-il, exerce une attraction à laquelle il est difficile de résister. Le discours identitaire, occidental ou anti-occidental, qui remplace le discours proprement politique depuis quelques décennies, facilite la tâche du néo-libéralisme globalisateur. Celui-ci apparaît, en effet, comme le seul langage possible que pourraient partager toutes les identités qui s'affrontent. Encore faudrait-il que l'ordre nouveau de la globalisation économique ne soit pas synonyme d'un ordre impérial sous la houlette de l'Occident, mais soit bien un ordre démocratique au plein sens du terme.

L'échec des principes démocratiques dans l'ordre international

S'il est une leçon que nous pouvons tirer de l'histoire de l'Occident, c'est que puissance n'est pas raison, que connaissance n'est pas sagesse. Cela, l'Occident ne l'admet pas, et c'est pourquoi il n'a jamais pu établir un ordre impérial stable et juste, en son sein comme dans ses rapports avec les autres régions du monde.

À l'intérieur de l'Europe, nous avons énuméré les guerres civiles qui ont pris la forme de guerres révolutionnaires puis nationalistes, succédant aux guerres de religion et précédant la guerre froide, sans oublier l'infâme destruction des communautés juive et tzigane. Dans les rapports au reste du monde, nous avons évoqué le génocide des Indiens d'Amérique, la traite des Africains qui a renforcé l'esclavage, disparu d'Europe mais fleurissant aux États-Unis, la colonisation et la soumission de presque tous les continents, enfin la création de l'État d'Israël, dernière grande entreprise coloniale sous une bannière crûment biblique.

Face à ces drames historiques, les innovations des dernières décennies dans l'ordre du droit international ne parviennent guère à convaincre. La création de la Société des Nations à l'issue de la Première Guerre mondiale, puis celle des Nations unies à l'issue de la Seconde, sont des échecs patents, car ces organisations censées faire régner la justice et la paix n'empêchent pas les guerres, les violences ni la faim. Tout l'idéalisme rationaliste de la culture occidentale, incarné dans les écrits célèbres sur la « paix universelle » de l'abbé de Saint-Pierre ou de Kant, n'a toujours pas réussi à créer un ordre international stable et cohérent. L'Occident démocratique ne parvient pas à se débarrasser d'une vocation impériale qui l'a saisi depuis les débuts de la Renaissance européenne. Il semble incapable, en effet, de résoudre la contradiction fondamentale entre l'ordre démocratique et l'ordre impérial. Comme s'il n'était pas maître de sa propre dynamique, de son exubérance, de sa puissance.

Il est vrai que la guerre froide, extrêmement violente elle aussi, a été le prolongement des contradictions que l'Europe a enfantées depuis la Révolution française et qui ont été exportées à l'ensemble de la planète. Mais cette guerre, sitôt achevée par l'effondrement de l'URSS, plutôt que de céder la place à un apaisement généralisé, organisé et structuré par les grands principes de la démocratie libérale qui a triomphé, a ouvert la porte à de nouvelles violences et à un déploiement de force militaire exceptionnel, essentiellement américain, au Moyen-Orient d'abord, puis dans les Balkans et, enfin, en Asie centrale. Les Nations unies ou l'OTAN ont été instrumentalisées par la puissance américaine. Le profil bas adopté par la Russie et la Chine, mais aussi l'absence de cohésion des pays de l'Union européenne en matière de politique internationale ont facilité aux États-Unis la mise sous tutelle des principaux organismes internationaux au service des intérêts de la puissance américaine.

Les déploiements de forces sous couvert de l'OTAN ou de l'ONU à l'occasion des différentes crises prennent donc forcément un style impérial et opportuniste, en fonction des intérêts de l'Occident que les États-Unis dictent au monde. La dernière aberration de cet ordre international nouveau, c'est la situation en Palestine : l'Occident et les Nations unies refusent une protection internationale à la population palestinienne qui, après des décennies d'occupation israélienne, ne parvient toujours pas à obtenir son indépendance sur les 22 % qui lui restent du territoire de la Palestine tel que délimité par le mandat britannique, grignotés de surcroît tous les jours un peu plus par l'extension des colonies de peuplement israéliennes. Les États-Unis, grands maîtres de l'ordre international et champions de la sécurité d'Israël, mettent sur le même pied les violences de la puissante armée israélienne contre les Palestiniens et les attentats qualifiés de terroristes revendiqués par les organisations militantes palestiniennes au nom même du principe de l'autodétermination des peuples, que la modernité européenne a inscrit dans l'ordre international. Ce principe affirmé par les armes jusqu'à l'absurde dans les Balkans est nié en Palestine avec l'approbation générale de l'Occident, qui confirme le droit d'Israël à se défendre en martyrisant la population palestinienne, en sapant les bases matérielles et morales de l'Autorité palestinienne et en maintenant l'occupation qui permet l'extension continuelle de la colonisation.

L'ordre nouveau issu de la fin de la guerre froide n'est qu'un chaos invraisemblable, une cacophonie insupportable que l'Occident n'entend pas, tant le discours narcissique domine la scène médiatique internationale. Entraîné dans les politiques de force et de déploiement de puissance militaire, l'Occident ne voit même plus le ridicule des principes qu'il invoque pour justifier un ordre impérial dans lequel les idées démocratiques ne sont plus qu'un décor grinçant et caricatural. La crise de la philosophie des Lumières, dont nous avons analysé les composantes tout au long de ces pages, prend une dimension encore plus grave. Sa crédibilité et celle des valeurs libérales et démocratiques qu'elle a enfantées, et qui s'étaient largement répandues dans le tiers monde, risquent de s'effondrer totalement.

Le danger est d'autant plus grand que les performances économiques de l'ordre nouveau de la globalisation ne sont pas celles que l'on avait pu espérer un moment. L'exubérance des marchés financiers emportés par la bulle de la haute technologie s'est heureusement calmée, tant elle était irrationnelle ; mais, du coup, la croissance dans les pays riches, locomotive de l'économie mondiale, a reculé de plusieurs points. Hors du cœur de l'Occident, les crises graves se multiplient : Mexique (1994), Asie du Sud-Est (1997), Russie (1998), Turquie et Argentine (2000). Si la fascination qu'exercent sur le monde le progrès technique et la globalisation économique disparaît, vers quel niveau plus grave de chaos va-t-on se diriger ?

Certes, l'Inde et la Chine, les deux grands géants démographiques de l'humanité, ne semblent pas se porter trop mal. L'Inde, en dépit de toutes ses difficultés, a conservé son régime démocratique, une stabilité politique étonnante en dépit de la vague de regains identitaires, sikh, musulman, hindouiste, qui l'a frappée, coûtant notamment la vie à Mme Gandhi, puis à son fils. Mais la dispute avec le Pakistan sur le sort du Cachemire est toujours là, plus explosive que jamais. Quant à la Chine, qui reste une société opaque, on sait que les forts taux de croissance économique annuels qu'elle avance masquent une montée très grave des inégalités sociales et régionales.

L'Occident pompier pyromane

C'est ce tableau plutôt sombre qui devrait nous amener à plus de réalisme, un réalisme qui briserait les ressorts du discours narcissique de puissance qui, sous prétexte d'ordre, désorganise le monde. La tâche n'est pas facile, car la peur d'un désordre encore plus grand peut nous saisir, même inconsciemment, si le pompier pyromane qu'est l'Occident s'affaiblit.

L'Occident est effectivement pyromane : depuis la Renaissance européenne, il a mis le feu à ses propres terroirs, à ses institutions de l'ordre ancien, prérévolutionnaire, et il l'a porté aux quatre coins du monde. Progrès techniques, bouillonnement incessant d'idées, violence militaire, ont été ses armes. Pompier, il l'est aussi, car c'est lui seul qui a les moyens d'éteindre les feux qu'il allume. Le drame c'est que, quand il les éteint, il est souvent aussi violent que quand il les allume. C'est ainsi, par exemple, qu'il a fait jaillir la flamme du communisme, puis qu'il l'a éteinte dans une apocalypse de violence qui s'est déroulée hors de ses murs. Ce faisant, il a allumé les incendies identitaires qui ont saisi la planète ;

depuis le 11 septembre, il cherche à les éteindre, non sans de nouvelles violences.

Le discours narcissique de l'Occident refuse, face à un tel tableau, de reconnaître sa toute-puissance et sa responsabilité. Les convulsions et les violences ne seraient pas le produit de l'occidentalisation du monde, mais celui de l'incapacité des peuples non occidentaux à assumer la modernité, à être pacifiquement démocrates, comme le sont les grandes démocraties occidentales qui ont définitivement enterré entre elles la hache de la guerre et de la violence. Français, Anglais, Allemands, qui se sont combattus durant des siècles pour la domination de l'Europe et du monde, sont aujourd'hui en paix, réalisent pacifiquement l'union progressive de l'Europe. Ce ne serait donc pas l'occidentalisation du monde qui provoque les conflits mais, au contraire, ce sont les fanatismes religieux ou ethniques, l'incapacité de bâtir l'État moderne qui perdurent hors d'Occident et sont à l'origine de conflits où son intervention est sollicitée pour ramener la paix [1].

Les États-Unis seraient, en quelque sorte, des gendarmes involontaires appelés à la rescousse, un empire malgré eux, car ils pourraient très bien vivre dans l'isolationnisme, se replier sur leur continent qui contient tant de richesses qu'il n'aurait pas besoin de cet impérialisme pour prospérer. Les bien-pensants de ce nouvel ordre international justifient le chaos des situations de crise uniquement par la folie de Saddam Hussein en Irak, celle de Milosevic en Serbie ou des Talibans en Afghanistan, sans lesquelles il n'y aurait pas eu de crise et donc pas d'intervention occidentale ; bref, par

---

1. Le nombre d'ouvrages qui adoptent cette logique dans la description de la multiplication des conflits hors d'Occident est considérable. Un livre témoin est celui de Ghassan SALAMÉ, *Appels d'Empire. Ingérences et résistances à l'âge de la mondialisation*, Fayard, Paris, 1996 ; l'un des premiers ouvrages sur ce thème a été celui de Jean-Christophe RUFIN, *L'Empire et les nouveaux barbares. Ruptures Nord-Sud*, Lattès, Paris, 1991.

l'existence d'un « axe du mal » qui aurait succédé à l'« empire du mal ».

Dans cette logique, on peut encore aller plus loin : sans le penchant « inné » de l'islam pour la guerre sainte (*djihad*) et son « refus » supposé des autres religions, il n'y aurait pas eu d'Oussama Ben Laden, ni de guerre en Afghanistan ; Israël serait en paix et n'aurait pas à se défendre constamment contre les Palestiniens ou les Libanais qui lui sont hostiles par définition. Nous revenons ici à la logique de l'anthropologie essentialiste. L'Occident, de par sa constitution génétique culturelle, est rationnel, démocrate, pacifiste, ne se battant que lorsqu'il est acculé à le faire, soit parce qu'il est sollicité par des victimes, soit parce qu'il est injustement agressé. L'« Orient » ne parvient pas à se guérir de ses fantasmes religieux ou tribaux, plantés dans ses gènes, et l'Occident ne saurait tolérer des désordres qui peuvent menacer l'ordre du monde, certes imparfait, mais qui a besoin d'un gendarme pour le maintenir. L'Occident n'est qu'un pompier de bonne volonté, l'accuser d'être pyromane relève d'une paranoïa grave qu'il faut faire taire.

La peur du changement

C'est ainsi que le discours critique est mis à l'index, sauvagement combattu par un terrorisme intellectuel fort, qui demandera naïvement à l'interlocuteur qui met en cause le discours narcissique et essentialiste : « Mais par quoi donc remplacer l'ordre occidental, si imparfait soit-il ? » Dialogue de sourds entre deux discours qui refusent de s'écouter ou du moins qui ne peuvent s'entendre. Dans un cas, celui de l'essentialisme et du narcissisme pour qui la nature humaine est figée dans de grandes catégories anthropologiques caractérisées par des invariants que nous avons qualifiés d'« imaginaires », des constructions intellectuelles artificielles qui jettent un voile sur les phénomènes de puissance, celle de l'Occident, et de déchéance, celle de l'Orient. Dans l'autre cas, celui de l'esprit critique et corrosif domine la croyance dans la possibilité permanente du changement, du progrès dans les institutions humaines et la morale universelle. Mais cet esprit corrosif effraie, en Occident comme en Orient.

En Occident, parce que l'on veut que l'ère des révolutions et des guerres à caractère « universel » soit définitivement close. L'Occident a trop souffert de se remettre sans cesse en cause, d'enfanter des idéologies laïques de combat et de mobilisation, de se nier et de se renier. N'est-il pas temps qu'il jouisse paisiblement des bienfaits du progrès technique, de la science, de la globalisation, même inégale, des échanges ? Le culte de l'Holocauste est là pour le signifier à tous : « Plus jamais ce que nous avons fait et vu ! »

En Orient, parce qu'on y a fait aussi beaucoup de révolutions en singeant l'Occident — sans grands résultats, en dehors des quelques pays du « miracle asiatique » —, le discours critique est également marginalisé, mal reçu, sauf s'il est un discours anti-occidental affectif. En fait, dans le tiers monde, qu'il s'agisse de démocraties affaiblies ou corrompues ou de dictatures jouant de tous les symboles de l'identitaire le plus réactionnaire et le plus ringard, le milieu est partout le même : il décourage le discours critique qui pourrait amener à des effondrements du peu d'institutions existantes et donc au chaos dangereux et sanglant.

Il n'est pas étonnant que dans ce vide de la pensée politique qui accompagne la montée de détresses économiques graves en de nombreuses régions, jusque sur le territoire opulent des États-Unis, les déviances de type mafieux se multiplient — trafics de drogue, trafic d'armes, sectes religieuses aux pratiques les plus folles, réseaux ethniques ou religieux violents. Depuis des décennies, le septième art américain, qui avait déjà glorifié le génocide des Indiens d'Amérique par l'image mille fois projetée du cow-boy sans peur et sans reproche, a aussi glorifié ou du moins magnifié, à l'aide de séries télévisées à grand succès, tous ces types de violence :

détournements d'avion, règlements de comptes entre mafias, guerres d'extermination, justiciers solitaires... En ce sens, les images du 11 septembre n'ont rien de neuf, elles ont été préalablement artificiellement produites dans des films, des séries télévisées, des romans à sensation, des jeux vidéos [2]. Les quelques personnalités du monde des arts ou de la pensée qui tentent dans leurs œuvres d'aller à contre-courant, de critiquer vertement les dérapages délirants de la production d'images et de récits de violence ou du discours narcissique, sont le plus souvent marginalisées, exotisées.

Réponse radicale
ou puritanisme des sociétés civiles

Le dilemme de l'ordre/désordre actuel réside bien dans la peur de toucher à l'ordre acquis, si injuste soit-il, sous peine de voir l'édifice s'effondrer, comme les deux tours du World Trade Center. Cette peur est devenue globale, car elle touche toutes les régions du monde. Un conservatisme, une force de résistance passive, semble paralyser aujourd'hui l'émergence de courants de réformisme politique, en Occident ou hors d'Occident.

Les énergies, on l'a vu, sont davantage mobilisées sur les réformes économiques nécessaires à l'adaptation au libre-échange généralisé. En Occident, la démocratie libérale tente de s'adapter au multiculturalisme et aux revendications identitaires multiples que les notions républicaines traditionnelles de citoyenneté ne parviennent plus à accommoder ou à faire reculer. Hors d'Occident, il y a une forte peur du chaos que pourraient ouvrir des demandes de démocratisation plus poussée, de transparence, d'honnêteté et d'équité dans la

---

2. Ainsi le roman américain de Tom CLANCY, *Sur ordre* (Le Livre de Poche, 2 volumes, Paris, 1999), dont la trame est un complot contre les États-Unis où sont impliqués des Arabes qui font exploser un avion contre le Capitole.

gestion de la chose publique. Révolutions et contre-révolutions, avec leur kyrielle de dictatures militaires, ont laissé trop de mauvais souvenirs pour que se développent à nouveau des radicalismes politiques en vue de changements drastiques.

De fait, il n'est pas facile de proposer des solutions, des modèles alternatifs, des contre-pouvoirs efficaces qui pourraient aider à réduire les inégalités, les injustices, le pillage des ressources naturelles, celui des fonds publics ou des actifs sociaux des grandes entreprises publiques ou privées par des gestionnaires indélicats ou par les OPA sans rationalité ni utilité (sinon les primes versées aux dirigeants et aux banques d'affaires). S'il y a partout une demande forte en matière d'éthique et de justice, elle ne se traduit plus par la constitution de grands mouvements politiques radicaux, mais elle est canalisée dans les associations dites de la société civile ou dans le courage et la ténacité de certains juges cherchant à moraliser la vie publique comme celle des affaires.

Il y a aussi les cours d'« éthique des affaires » dans beaucoup d'universités, comme il y a les fonds d'investissement qui ne placent l'épargne recueillie que dans des sociétés « propres », c'est-à-dire respectant l'environnement et le droit du travail, ne produisant ni armes, ni cigarettes, ni alcool — c'est un peu le puritanisme à l'anglo-saxonne qui remplace ou se substitue aux valeurs républicaines ou à la morale laïque. Il y a enfin le mouvement antiglobalisation, l'agriculture biologique, les associations de défense des immigrés, et toutes les organisations humanitaires ou de lutte contre les violations des droits de l'homme, avec à leur tête la célèbre Amnesty International. Si utiles que soient ces mouvements pour éveiller des opinions publiques anesthésiées, on sent bien que sans mobilisation de type politique, sans des médias plus indépendants des grands groupes financiers, l'horizon proprement politique reste bouché.

Il y a aussi les efforts des pays de l'OCDE pour lutter contre le blanchiment de l'argent de la drogue, du crime, de la corruption, voire de l'évasion fiscale. Le 11 septembre a même donné lieu à une résolution solennelle du Conseil de sécurité des Nations unies (n° 1373) obligeant les États à identifier et bloquer l'argent des organisations terroristes (mais en l'espèce, derrière les Nations unies, se profile l'ombre toute-puissante des États-Unis et de leurs différents organismes d'espionnage et de sécurité, qui vont ainsi pouvoir étendre leur pouvoir sur les systèmes bancaires nationaux et internationaux).

Dans le tiers monde lui-même, il y a les associations de défense des droits de l'homme, celles qui luttent pour les droits des femmes, de l'enfant ou encore des paysans pauvres ; il y a aussi les réseaux caritatifs, religieux ou laïcs, les associations qui mobilisent des microcrédits pour les paysans ou les chômeurs urbains, les ordres professionnels qui tentent parfois de jouer un rôle politique actif.

À tout cela, il faut ajouter l'énorme littérature que produisent les organismes internationaux sur la nécessité d'un développement humain, l'éradication de la pauvreté et ses techniques, les principes du développement soutenable, la bonne « gouvernance » et la « transparence » dans la gestion des affaires publiques, la préservation de l'environnement. Ce sont des millions de pages imprimées à longueur d'années sous forme de brochures, de rapports spécialisés, d'ouvrages, de comptes rendus de séminaires ou de conférences internationales, par les organes spécialisés des Nations unies, la Banque mondiale, le Fonds monétaire international, la Conférence des Nations unies sur le commerce et le développement, les commissions économiques régionales des Nations unies, le Conseil économique et social des Nations unies, parfois même son assemblée générale.

Monotone et répétitive, cette littérature fait croire ou veut faire croire que le monde vit sous un régime exemplaire où la morale, l'éthique et la lutte contre la pauvreté sont les préoccupations permanentes de l'ordre international que gère l'Occident. Le problème se trouve dans les réalités de tous les jours, qui démentent cette partie importante du discours occidental, celui de l'ordre impérial que les États-Unis font régner sur le monde. Ce discours n'a aucun impact réel sur le terrain, ne change pas les structures et les rapports de forces qui maintiennent la pauvreté, la dégradation de l'environnement, les structures mafieuses et toutes les formes de corruption ; il n'est guère à même d'entamer le discours dominant, ni le déferlement de messages publicitaires qui depuis plusieurs décennies constitue l'environnement omniprésent des citoyens aux quatre coins de la planète et forge leurs visions instantanées et fugitives du monde.

Citoyen consommateur ou citoyen politique ?

Le citoyen consommateur a remplacé le citoyen politique, celui du modèle de la Grèce antique ou celui forgé par les modèles révolutionnaires modernes. Ce citoyen consomme les produits comme il consomme les idées éphémères que les médias envahissants lui suggèrent, au gré des modes si fugaces de la technologie. L'éducation elle-même est devenue un supermarché où chacun, suivant ses moyens financiers, tente de faire acquérir à ses enfants les diplômes donnant accès aux carrières les plus « rentables ». Au sommet d'une pyramide compliquée de produits éducatifs, se trouvent les grandes universités américaines, dont la valeur des diplômes sur le marché est de loin la plus élevée. La presse et les médias, cinéma compris, sont partout aux mains de grands groupes financiers qui avancent leurs tentacules dans les télécommunications, les loisirs, l'édition.

Les nouveaux millionnaires ou milliardaires du tiers monde ou des ex-pays socialistes sont entrés ou entrent progressivement dans le club des hommes les plus riches du monde qui participent de plus en plus à la gestion des affaires publiques et de l'ordre international. Ils mettent leurs avions privés et bateaux de plaisance à la disposition des hommes politiques[3] ; ils entrent eux-mêmes souvent en politique, imitant en cela l'exemple américain où l'accès au monde politique demande beaucoup de moyens financiers ; ils créent des fondations caritatives ou à but académique qui leur assurent une influence certaine dans la société civile et la vie culturelle de leur pays, voire à l'échelle régionale ou internationale. Le citoyen ordinaire est marginalisé, écrasé, insignifiant ; il doit se contenter partout de son strapontin de consommateur ou de son statut de pauvre, nouveau ou ancien, sans autre préoccupation que sa subsistance quotidienne ou l'éducation d'un ou plusieurs de ses enfants. Au mieux, le citoyen de classe moyenne qui dispose d'un ordinateur pourra-t-il exprimer sa dissidence sur le Web.

L'ordre impérial d'aujourd'hui confond souvent liberté citoyenne et libre circulation des biens de consommation (ou accès à un large choix de produits et de services plus ou moins similaires). La réflexion politique est laissée aux débats contradictoires à la télévision, combats de coqs à temps limités où le spectateur passif n'a guère le temps d'assimiler les langages codés des duels verbaux, saccadés et sans intérêt. Le citoyen, fatigué et harassé, s'évadera d'autant plus facilement dans les loisirs proposés ou, au mieux, il s'investira dans une cause précise et ciblée : l'humanitaire dans le tiers monde, l'écologie, la protection du consommateur... Le politique, tel qu'enseigné par la philosophie des Lumières, n'est plus dans son horizon et ne peut plus l'être.

Cette crise de l'ordre impérial peut perdurer longtemps, car l'occidentalisation du monde n'est pas réversible. Si le

---

3. C'est ainsi qu'on a appris, en 2001, que le président Jimmy Carter, honnête homme s'il en fut, avait accepté pour ses fondations charitables des financements de Wilayet Abidi, le fondateur et gestionnaire de la Banque du commerce et du crédit international (BCCI), qui donna lieu à l'un des plus grands scandales de blanchiment d'argent du siècle dernier. Mais le président Carter s'était lié d'amitié avec Abidi et, semble-t-il, voyageait dans l'avion privé de ce dernier. M. Wolfensehn, président de la Banque mondiale, n'a pas hésité non plus à se rendre au Liban en avril 2001 dans l'avion privé de son ami Rafic Hariri, le milliardaire Premier ministre, pour une visite dont on ne saura pas si elle était officielle ou privée.

discours critique en Occident ne parvient pas à rétablir un magistère moral universellement crédible et s'il ne se guérit pas lui-même d'un certain narcissisme qu'il a pu avoir au moment où, sous les couleurs marxistes, il exerçait un contrepoids efficace au narcissisme libéral et conservateur aujourd'hui triomphant [4], il est à craindre que le mal de vivre qui affecte notre « postmodernité » et la démocratie « menacée » ne se généralise. L'hégémonie culturelle qu'exerce l'Occident sur toute la planète n'étant pas près de se terminer, il est peu probable de voir à court terme un ressourcement philosophique et historique qui émergerait d'une autre région du monde. Ni la Chine, ni l'Inde, géants historiques, producteurs autrefois de civilisation, ne paraissent en mesure de revivifier une vision politique du devenir humain.

Dans un monde aussi occidentalisé que le nôtre, un changement positif en ce sens ne peut provenir que d'un desserrement de l'hégémonie culturelle occidentale, que rien ne permet d'envisager à un horizon prévisible. Pourtant, seul ce desserrement autoriserait une réflexion plus autonome dans les autres grandes cultures, ou une relance de la pensée critique, philosophique et politique, à laquelle participerait le monde non occidental qui pourrait reprendre de l'assurance. Tout le problème est de savoir si, dans la logique du fonctionnement actuel de l'ordre international, plus impérial que démocratique, en dépit de certaines avancées, la pensée critique continuera d'être de plus en plus marginalisée. En tentant de déchiffrer les complexités de l'occidentalisation du monde, nous avons cherché ici à relancer un débat critique permettant de desserrer l'étau des clichés et des idées qui fracturent le monde en zones supposées hostiles et irréconciliables.

---

4. La pensée marxiste occidentale, en effet, a eu aussi son caractère narcissique, en voyant dans l'évolution historique de l'Occident le modèle à suivre nécessairement dans les autres régions du monde pour parvenir à la modernité et à la libération de l'homme de toute forme de servitude.

En guise de conclusion

« Sagesses barbares »

Modernité et arythmies de l'histoire

Par « sagesses barbares [1] », nous entendons les remarques finales et de bon sens que l'on peut exprimer au terme de ces réflexions sur les conséquences des événements du 11 septembre. Par « bon sens », nous voulons qualifier des conclusions modestes, loin des scolastiques compliquées des différents discours philosophiques que la culture occidentale tient sur elle-même et sur le monde. Car les grandes interrogations ontologiques que la Renaissance européenne a suscitées partout dans le monde ne sont pas près de trouver des réponses convaincantes. Si elles ont été incontestablement créatives, les principaux systèmes de pensée auxquels elles ont donné lieu ont souvent manqué de modestie.

---

1. Pour reprendre le titre du beau livre d'Arnaldo MOMIGLIANO, *Sagesses barbares. Les limites de l'hellénisation*, Maspero, Paris, 1979.

L'ethnocentrisme européen ou occidental, en particulier la tendance à idéaliser le monothéisme, sous son aspect hébraïque ou chrétien, ou plus récemment « judéo-chrétien », à l'ériger en mythe de l'origine de la raison occidentale, a entraîné trop souvent une perversion des systèmes d'explication de l'histoire de l'humanité. Ce mythe, on l'a vu, est devenu l'épicentre de la fracture imaginaire qui sépare la psychologie humaine en deux « mentalités » supposées radicalement opposées, celle de l'Orient et celle de l'Occident. La laïcisation des idéaux, l'invention des utopies modernes n'ont pas empêché la permanence de l'intolérance, entretenue par des siècles de lectures de la Bible, ni la prégnance des archétypes de l'Ancien Testament.

Dans les courants contradictoires charriés par la philosophie des Lumières, les schémas de pensée de type universaliste ont produit la même intransigeance que celle des anciens schémas bibliques ; cependant que la pensée relativiste, sceptique, modeste, n'a pas débouché sur une véritable philosophie rationaliste, une éthique et une morale sur lesquelles bâtir un monde meilleur. Au mieux, cette pensée inspire-t-elle une nouvelle philosophie d'action humanitaire, mais qui reste largement prisonnière du déploiement des intérêts de puissance du monde occidental. Elle inspire aussi les courants de pensée prêchant le repli de l'Occident sur ses propres valeurs et son retrait dans l'ordre international, laissant la « barbarie » à son propre sort, puisque la modernité à l'européenne aurait été un échec hors d'Occident.

Ce que l'on oublie trop souvent, c'est que l'histoire évolue à des rythmes dont nous sommes incapables de définir les ressorts et la vitesse réelle, et que la « modernité » n'est qu'un trompe-l'œil, un panneau de signalisation posé de façon artificielle par la culture européenne avec le bouillonnement créatif de la Renaissance et des Lumières. Mais, nous l'avons vu, les racines de ce bouillonnement peuvent être trouvées dans des périodes bien antérieures de l'histoire européenne. C'est la rapidité du rythme des changements techniques qui nous donne l'impression d'une accélération de l'histoire, mais celle-ci n'est-elle pas une illusion fallacieuse ? En effet, si par histoire nous entendons, non pas seulement les progrès de l'esprit humain et l'accumulation de connaissances savantes, mais aussi ceux de la morale et de l'éthique, la suppression de la violence, de la faim, de la déshérence et de l'exclusion, en Occident et dans le monde, alors il faut bien reconnaître que l'histoire n'avance pas ou, du moins, qu'elle avance à un rythme si lent qu'il n'est pas facile de le mesurer.

Si la modernité désigne une vitesse acquise du progrès technique, beaucoup plus rapide en effet depuis deux siècles que dans les époques précédentes, il faut aussi rappeler qu'elle se déploie à des rythmes différents dans les différentes régions du monde. Synonyme d'occidentalisation, elle se heurte, à ce titre, à des résistances, des incapacités ou difficultés d'adaptation, qui retardent et freinent l'unification du monde. On oublie également trop souvent combien le rythme et le degré d'occidentalisation sont liés aux traumatismes causés par les différentes formes de colonisation. Cette unification du monde est pourtant rendue inévitable par le progrès même des techniques et des moyens de communication. Aucune dictature, si implacable soit-elle, ne pourra arrêter la globalisation et l'effet corrosif de la modernité sur des institutions sociales, religieuses, politiques et des mœurs qui ressortissent à un autre temps historique que celui de cette modernité.

Mais la disparité des rythmes temporels de diffusion du progrès technique est une grande complication de la globalisation, car ils ne produisent pas les mêmes effets dans les différentes régions du monde et, en leur sein, entre différents groupes sociaux. Ces arythmies créent des espaces crispés de friction, sur des lignes imaginaires de fracture, qui tentent de freiner la globalisation, et dont les événements du 11 septembre ont donné le plus extraordinaire spectacle. Mais le rythme temporel du vécu des différentes composantes des sociétés n'est pas non plus le rythme véritable de l'histoire.

Ce dernier ne peut, éventuellement, se dévoiler que bien des siècles plus tard, lorsque des civilisations ou des empires sont morts, engloutis par le grand fleuve de l'Histoire, toujours imprévisible.

Dans cette optique, il ne fait pas de doute que la modernité a largement manqué de modestie, elle qui, depuis quelques siècles, s'efforce d'accélérer le débit du fleuve de l'Histoire, d'occuper tout son lit pour en contrôler la marche, d'unifier tous les affluents qui y convergent, toutes les histoires partielles qui composent l'histoire de l'humanité, si difficile à saisir et à interpréter. C'est en ce sens qu'elle donne l'impression, même à un esprit laïque, qu'elle est, sur un certain plan, « impie », qu'elle veut arracher à Dieu ou aux dieux tous leurs secrets, se substituer à la théologie, à l'éthique et à la sagesse.

De fait, ce n'est pas la spéculation théologique — et moins encore l'esprit contemplatif des sagesses religieuses de l'Extrême-Orient — qui produit la violence et les guerres, mais bien les conclusions hâtives et agressives que l'on peut en tirer sur le plan de la conduite des sociétés et de l'agencement de leurs institutions. L'angoisse ontologique de l'homme, que traduit le « besoin de sacré », est alors exploitée pour justifier tous les excès, qu'ils soient inspirés par une lecture au premier degré de textes religieux ou par une « mission » prétendument laïque, mais continuant de fonctionner sur le mode sacré ancien que la science occidentale appelle « magique » ou « charismatique ».

Dans le cas de l'Occident, c'est celui de l'Ancien Testament qui continue plus que jamais d'être agissant dans un discours narcissique que les mécanismes de la globalisation rendent étourdissant. La logique religieuse, l'hostilité à caractère de « croisade », terme très malencontreusement entré dans le vocabulaire commun et laïque, demeurent très vivaces. Les mécanismes de sacralisation continuent d'être agissants, même si la mission ne se réduit plus qu'à la fabrication de citoyens consommateurs de produits et de services

« *Sagesses barbares* »

sophistiqués, de mises en scène identitaires ouvrant un « droit à la différence » pour certaines catégories de citoyens en mal de vivre de par leurs origines ethniques ou religieuses.

En ce sens, la laïcité du monde occidental a largement perdu sa vocation première dans l'émergence des valeurs républicaines, celle de dépasser et de transcender les différences d'ordre ethnique et religieux, d'abolir les privilèges se réclamant du droit divin, pour former une nouvelle communauté plus apte au bonheur et à la concorde dans la cité, celle des citoyens. Elle est aujourd'hui acculée à accepter, sinon à favoriser, au nom même des principes de la démocratie libérale, les regains d'identités primaires qu'a engendrés le monde désenchanté créé par les effroyables guerres du « siècle des extrêmes ».

Le remède à cette déroute de la laïcité n'est évidemment pas dans la religiosité pudibonde et puritaine que prétendent offrir les tendances fondamentalistes qui traversent les grandes religions instituées, et dont les mouvements islamistes ou les mouvements de colonisation se réclamant du judaïsme en Palestine, ou encore certaines Églises protestantes et militantes aux États-Unis, sont des caricatures. Ce ne sont ni la religion instituée, ni les différents types d'ethnismes dont certains se parent de valeurs religieuses, ni les extrémismes religieux se parant de vertus ethniques ou nationales, qui peuvent guérir les maux provoqués par l'occidentalisation du monde.

Repenser la laïcité et rétablir son prestige

C'est pourquoi il faut tout d'abord rétablir la laïcité et son prestige, comme élément fondateur de la cité « moderne », à la différence de la cité antique ou de la cité organisée par le monothéisme biblique, où la vie des dieux ou du Dieu unique est intimement mêlée à la vie rituelle et intellectuelle. La laïcité est, en effet, une composante mère de la citoyenneté. Elle est aussi un remède permanent contre le fanatisme et les tendances collectives à l'autoritarisme. Elle est le fondement véritable de l'autonomie de l'individu et de son respect par les autorités établies. Elle est un instrument critique de tout ordre qui se fige dans l'invocation d'une transcendance « divine » ou « civile ».

La laïcité ne doit pas être simplement un mode d'organisation de la séparation du temporel et du spirituel dans la cité, prisonnier de l'histoire spécifique du christianisme occidental, une simple « sécularisation » de la vie politique, pacifiant les querelles religieuses au sein d'une même religion. Elle doit être refus d'essentialiser toute différence entre citoyens, refus de sacraliser toute doctrine qui serait érigée en absolu échappant à la critique de l'esprit humain. Pour cela, il faudrait « laïciser » la laïcité, c'est-à-dire lui faire perdre son statut de doctrine « spécifiquement » chrétienne et occidentale, pour la faire accéder à un véritable statut de valeur universelle. D'ailleurs, seule une telle laïcité peut structurer le droit international de façon efficace et crédible ; ce dernier doit être imperméable à toute croyance résultant d'une interprétation théologique, qu'elle soit issue du judaïsme, de l'islam, du christianisme ou de toute autre religion.

Aussi, plutôt que de favoriser le « dialogue des religions » (très à la mode pour assurer la concorde de nos cités métissées), dialogue qui ne peut résoudre aucun des problèmes proprement politiques et profanes de l'ordre interne et de l'ordre international, ne vaut-il pas mieux donner aux citoyens de véritables connaissances sur les réponses théologiques et ontologiques à l'angoisse naturelle de l'homme ? Le discours identitaire qui exprime les graves névroses de notre époque n'assurera jamais la paix ; il n'est qu'une réponse bien pauvre à la perte de sens que les souffrances des XIXe et XXe siècles ont engendrée et, avant elles, celles des premières colonisations et de la traite des Africains (le déracinement de millions d'hommes, colonisés, déplacés, « génocidés », mais aussi celui de ceux qui sont partis de

« Sagesses barbares »

l'Europe même, à la conquête des espaces inhabités ou peu habités de l'Europe et du monde).

Nous sommes certes aujourd'hui relativement plus conscients de la souffrance de ceux qui ont subi l'exubérance démographique de l'Europe à partir de la Renaissance, tels les Indiens d'Amérique ou les Noirs d'Afrique. Cependant, un certain discours narcissique occidental essaie d'occulter ou de minimiser cette souffrance [2]. Nous parlons moins des traumatismes de ceux qui sont partis à la conquête violente de ces espaces et qui ont déraciné, marginalisé et réduit à peau de chagrin les indigènes. Peut-être est-ce pour cacher la névrose que ces opérations de déracinement produisent chez ceux qui en sont responsables, qu'une partie de la culture occidentale, notamment son septième art, plus particulièrement dans sa composante américaine, a longtemps glorifié la violence des forts sur les faibles, de l'homme blanc sur l'homme de couleur, de la civilisation et du progrès sur la barbarie et le primitivisme.

L'épopée de l'homme blanc aux Amériques, en Afrique, plus particulièrement l'Afrique du Sud, le retour des juifs en Palestine pour fonder l'État d'Israël et étendre ses frontières en se jouant de la loi et de l'ordre international, sont des épisodes traumatisants, dont les effets sont loin d'être épuisés sur les populations conquises et vaincues comme sur les populations conquérantes. Ce n'est vraisemblablement pas un hasard si la société américaine reste une société où la violence interne est la plus forte, où la liberté s'entend aussi comme celle d'avoir une arme à domicile. De même que n'est pas un hasard la sympathie sans borne que les États-Unis éprouvent pour la conquête israélienne de la Palestine, qui rappelle en

---

2. Ainsi, la Conférence mondiale contre le racisme, la discrimination raciale, la xénophobie et l'intolérance, organisée par les Nations unies à Durban (Afrique du Sud) en septembre 2001, a été un échec flagrant. Elle a buté sur deux problèmes principaux : la reconnaissance de la responsabilité de l'Occident dans les horreurs de l'esclavage et de celle d'Israël dans le malheur palestinien. Les États-Unis et Israël ont quitté la conférence avant sa clôture, en signe de protestation.

miniature celle du continent américain — répétition, dans l'inconscient collectif protestant, du schéma biblique de conquête d'une nouvelle « Terre promise ».

Il faudrait ici admettre que les grands principes d'éthique et de morale à vocation universelle de la Renaissance européenne n'ont pas été appliqués ni respectés, ce qui leur enlève aujourd'hui la crédibilité qu'ils avaient acquise. Bien pire, dans l'ordre international, ils sont bafoués tous les jours par un ordre impérial américain devant lequel ne se dresse plus le moindre contrepoids. Les actions humanitaires qu'encadrent forcément les intérêts politiques des pays directement dans l'orbite de l'ordre impérial ne seront jamais le remède à l'absence de système de valeurs appliqué de façon cohérente. La notion de citoyenneté, qui a pourtant porté de si grands espoirs, est tous les jours un peu plus rongée par le manque de crédibilité du système de valeurs républicain et universaliste — au centre duquel se trouve la laïcité, c'est-à-dire l'égale valeur des hommes pris individuellement ou dans leur insertion dans une communauté sociale.

Tous les grands systèmes de puissance et de civilisation ont tenté de trouver des règles universelles d'éthique et de morale. La philosophie des Lumières, qui s'est appuyée sur un développement sans précédent de connaissances sur les autres civilisations, est la dernière en date à avoir élaboré un code de conduite morale et éthique s'appuyant sur une vision forte d'une cité politique universelle et laïcisée. Il serait temps aujourd'hui d'en restaurer l'essentiel, menacé aussi bien par le désenchantement de la pensée démocratique « postmoderne » que par l'utilisation sélective et violente des principes des droits de l'homme dans l'ordre international. Dans le monde ouvert et métissé que nous vivons, le maintien des valeurs républicaines est essentiel si nous voulons arrêter cette course infernale à la « marchandisation » des névroses identitaires, des déchets de cultures ethniques ou de rituels religieux — qui deviennent prétexte à de bonnes affaires capitalistes ou à des travaux académiques valorisants, enfermant ceux-là mêmes que l'on prétend protéger et sauver dans la prison identitaire que leur forge l'essentialisme culturaliste.

Les valeurs républicaines ne doivent pas être considérées comme un luxe de l'homme blanc, dont lui-même ne sait plus très bien que faire dans le contexte d'un monde globalisé et métissé. Bien au contraire, ce sont tous les aspects de la modernité qui aboutissent à cette dévalorisation, y compris dans le tiers monde où les espoirs avaient été si grands. Car peut-on sérieusement croire que des populations pauvres et démunies refuseraient les avantages de l'État de droit, de la sécurité sociale et de l'allocation chômage, au profit du maintien d'allégeances tribales, ethniques ou religieuses ? Et comment dans ce cas expliquer que le monde supposé désenchanté de l'Occident exerce cette attraction sur des millions d'êtres qui de tous les pays tentent d'y émigrer, en dépit des images négatives qui le caractérisent dans leur milieu ?

Le bon sens, ici, fait dire que seul l'échec de mise sur pied de l'État de droit, de réalisation d'un capitalisme à visage humain assurant un niveau d'emploi et de vie décente, entraîne l'involution dans le lien traditionnel, ethnique ou religieux, qui peut assurer une sécurité morale « imaginaire » à défaut de sécurité matérielle introuvable — et cette involution n'empêche même pas ceux qui en sont victimes de vouloir malgré tout rejoindre le « paradis » occidental.

Dissiper l'équivoque
entre liberté et libre-échange

Mais ce qui contribue à vider de leur contenu les valeurs républicaines, c'est aussi le discours triomphant de l'idéologie du marché sous ses formes les plus globalisantes, totalitaires et naïves. En fait, c'est le dernier-né des idéologies du bonheur laïc que la civilisation des Lumières enfante dans son triomphe final sur son double marxiste, qui gît désormais sans vie dans le cimetière des idées contradictoires produites par la philosophie européenne.

C'est sûrement dans ce domaine qu'il y a le plus à faire, car le triomphe du libéralisme capitaliste pur et dur, à l'américaine, n'est pas modeste. Ceux qui osent le critiquer ou mettre en garde contre lui n'ont pas bonne presse. Ils s'exposent immédiatement à être traités d'esprits attardés, de nostalgiques de temps révolus qui n'ont pas fait le bonheur de l'humanité. On décline alors le « bréviaire » des maux que les différentes formes de socialisme ont apportés à l'humanité, pour montrer qu'en dehors de l'« entrepreneur » et de sa liberté sacrée, qui sont, en même temps, consécration de l'idée libérale et du système démocratique, il n'y a point de salut. Le libre-échange économique est confondu avec la liberté, au sens le plus noble du terme ; ou, du moins, cherche-t-on à faire croire que, dans l'ordre international, la liberté doit être incarnée principalement dans le principe du libre-échange.

On oublie, ce faisant, que le libre-échange, pour être effectivement et équitablement profitable, suppose une homogénéité des niveaux de productivité, c'est-à-dire une maîtrise partagée et égale du progrès technique par tous les protagonistes de l'échange marchand, qu'il s'agisse, dans l'ordre international, d'entités étatiques ou, à l'intérieur des sociétés, des catégories sociales aux niveaux de fortune et de culture différents. C'est pourquoi d'ailleurs, même dans l'ordre interne des États, la liberté d'entreprendre non soumise à une régulation sociale transparente et juste aboutit à des différentiations sociales de plus en plus accusées, cependant que le progrès technique détruit des pans entiers d'activités économiques ou sociales sans toujours créer, dans le même temps, de nouvelles activités susceptibles de compenser totalement les emplois perdus.

Tout cela est du bon sens élémentaire. Et pourtant, la « machine Occident » semble l'oublier, rester sourde à tous ceux qui dénoncent cette phase de capitalisme sauvage dans laquelle tous les pays sont progressivement jetés. En particulier dans le tiers monde, qui n'a jamais joui des institutions de l'État-providence dont les pays occidentaux se sont dotés — et qui, heureusement, ne cèdent pas rapidement ou facilement —, les situations sont insupportables. Mais, même en Occident, la globalisation et le néo-libéralisme produisent de l'exclusion et de l'inégalité, et c'est pourquoi les énergies des mouvements antiglobalisation sont tirées des pays occidentaux eux-mêmes. Comme le dit si bien le politologue américain Stanley Hoffmann : « La globalisation économique est un formidable facteur d'inégalité entre États et au sein de l'État, et le souci de compétitivité sur le plan mondial limite l'aptitude de l'État à la réduire [3]. »

On peut ajouter que le poids de l'hégémonie intellectuelle exercée par les doctrines néo-libérales triomphantes contribue également à réduire cette aptitude. Même les esprits les plus rationnels et les plus modérés ne sont pas entendus. Encore une fois triomphe un nouveau catéchisme aux idées simplistes, empêchant toute valorisation de l'accumulation de connaissances, de savoir et de rationalité au service du bien-être effectif des sociétés. Les efforts louables des sociétés civiles ou des tribunaux d'introduire l'éthique et la morale dans la vie économique ne constituent malheureusement pas un contrepoids efficace aux désordres et malheurs de la globalisation. Pour y mettre un terme, c'est à une régulation institutionnelle forte qu'il faut avoir recours, inspirée d'un système de valeurs sociales et économiques qui ose une synthèse raisonnée de l'expérience de la modernité, avec tous ses échecs comme avec ses succès, comme le prône Jürgen Habermas [4].

Dans ce domaine encore, comme dans celui de la réflexion ontologique évoquée au début de cette conclusion, la culture moderne, comme consommation rapide, éphémère, d'idées et

---

3. Stanley HOFFMANN, « Le triste état du monde », *Le Monde*, 24 janvier 2002
4. Voir introduction.

de modes intellectuelles, n'aide pas à la construction de sagesses économiques et sociales. Et l'éducation délivrée au niveau scolaire ou universitaire reste encore marquée par les vieux cursus académiques et humanistes du XIXe siècle : elle n'aide en rien à constituer un bagage de connaissances techniques et sociales permettant d'assumer un rôle de citoyen responsable, à même de maîtriser les questions clés que pose l'évolution du monde (qu'il s'agisse de la maîtrise du progrès technique à des fins de solidarité sociale, du contrôle du rythme d'utilisation de nos ressources naturelles ou humaines, de la dégradation de l'environnement matériel et moral des sociétés, ou encore de la critique de nos axiomes philosophiques et historiques modernes — comme celle développée par Karl Popper). La domination des techniciens et technocrates, de l'argent et de son influence corrosive, des médias incontrôlés et leur influence face à des citoyens devenus des consommateurs passifs et des machines à voter dans le vide de réflexion politique : tout cela devrait amener à repenser les cursus d'éducation à tous les niveaux.

Sciences, progrès technique et politique doivent être réconciliés dans une nouvelle renaissance qui n'est peut-être pas pour demain, mais sans laquelle il y a peu de chances de voir un monde meilleur émerger un jour. Si tel était le cas, si cette réconciliation ne se faisait pas, alors auront eu raison tous les cyniques du monde, les profiteurs, les agioteurs, les dictateurs et leurs sbires, les mafias, les milliardaires et millionnaires, les racistes et les narcissiques névrotiques qui continuent de ne voir qu'un monde fracturé et hiérarchisé par l'argent, la race, la culture ou la religion, tous ces promoteurs d'un essentialisme meurtrier, ces joueurs au poker de la différence entre les hommes, de la diversité des sociétés, des cultures et des religions. La philosophie des Lumières, les valeurs républicaines et la laïcité, le respect de la cité et de l'appartenance citoyenne : tout cela n'aura été qu'un trompe-l'œil, un leurre qui aura ravagé la planète. Des centaines de millions de morts pour rien depuis les guerres de religion et la conquête des Amériques...

Cela est inacceptable. Il nous revient de transformer l'occidentalisation du monde et sa machine à désenchanter et déraciner en un monde plus humain, même s'il doit être moins « moderne », tant cette notion à bannir est chargée de toutes les ambiguïtés narcissiques dont nous devons sortir.

Table

Introduction : La symbolique des images
du 11 septembre 7
Un nouveau « western » biblique, 8
Déclin ou fabrication du monde par l'Occident, 10
La « quête inachevée » d'un monde meilleur, 17

1. Aux origines de la fracture imaginaire 25
*L'approche binaire du monde et l'échec
du « tiers monde »*, 25
*La Méditerranée : épicentre de la fracture
entre Orient et Occident ?*, 28
*Le mythe de la division du monde entre Aryens
et Sémites*, 33
*La morale au secours de la puissance
et de la violence*, 39

2. Décadence/Renaissance : une alchimie mystérieuse 43

La Renaissance européenne : la vanité de la causalité unique, 43
Existe-t-il des lois en histoire ?, 47
Le mythe du « miracle grec », 50
Religion et capitalisme dans la supériorité occidentale, 54
Le miracle asiatique : y a-t-il des valeurs asiatiques spécifiques ?, 57

3. L'Occident : mission sacrée, monde désenchanté ? 61

La philosophie des Lumières a-t-elle désenchanté le monde ?, 61
L'individualisme est-il vraiment dans les gènes de l'Occident ?, 64
Narcissisme et mythologisation dans le discours de l'Occident, 69
L'occidentalisation du monde : la puissance et le sacré, 73

4. La fascination moderne de l'identitaire 79

Les romantiques et l'Orient : l'Orient mystique, l'Occident matérialiste ?, 79
La célébration des terroirs perdus, 86
Évolutions géopolitiques et fascination de l'identitaire, 89
La survalorisation du religieux, 94
La nuance européenne dans le discours narcissique et identitaire, 98
Raisons d'État et morale internationale, 101

5. Laïcité et théologie du salut et de l'élection 107

La transposition des archétypes religieux dans les idéaux laïques, 107

*La logique monothéiste et la notion de classe
ou de peuple « élu »*, 112
*Une laïcité en trompe l'œil qui se découvre
des racines judéo-chrétiennes*, 115
Un coup d'État culturel, 118

6. Le nouveau paria du monothéisme : l'islam 125
   *Les fonctions de l'image que l'Occident se fait
   de l'islam*, 125
   Les réponses de l'islam déraciné, 132
   L'islam, une religion laïque !, 136
   *Le combat inégal du nationalisme arabe laïc
   et de l'islam occidentalisé*, 141
   Le dérapage de la « saga » islamique, 143

7. Globalisation économique et ordre nouveau 147
   Le salut de l'humanité par le libre-échange, 147
   *La grande aventure de la globalisation :
   de 1492 au 11 septembre 2001*, 150
   *Discours de la globalisation ou discours
   identitaire ?*, 153
   *L'échec des principes démocratiques dans
   l'ordre international*, 157
   L'Occident pompier pyromane, 160
   La peur du changement, 162
   *Réponse radicale ou puritanisme des sociétés
   civiles*, 164
   Citoyen consommateur ou citoyen politique ?, 167

En guise de conclusion : « Sagesses barbares » 171
   Modernité et arythmies de l'histoire, 171
   Repenser la laïcité et rétablir son prestige, 175
   *Dissiper l'équivoque entre liberté
   et libre-échange*, 179

Sciences humaines et sociales

Georges Corm

L'Europe et l'Orient

De la balkanisation à la libanisation
Histoire d'une modernité inaccomplie

Préface inédite de l'auteur

La Découverte/Poche